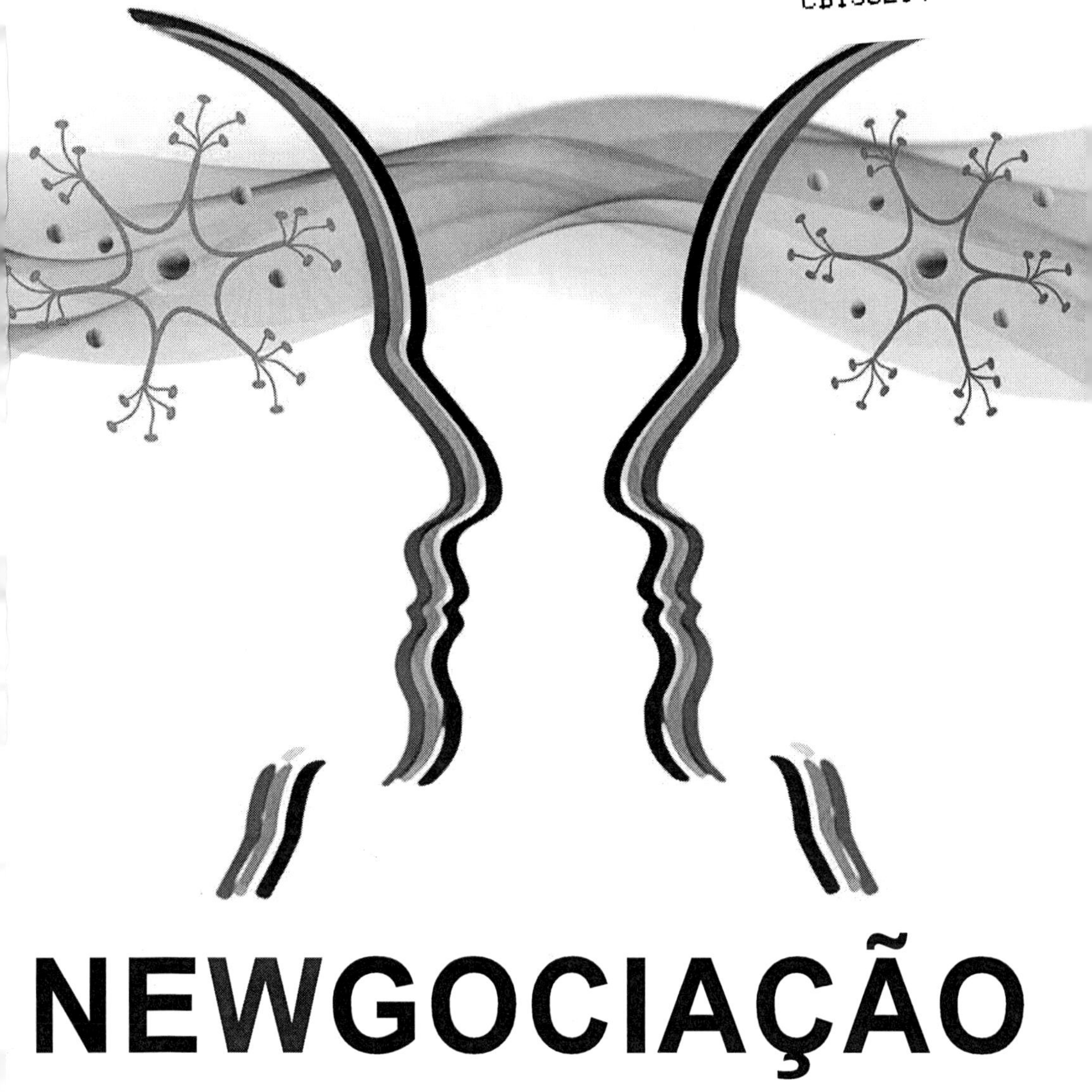

NEWGOCIAÇÃO

A Neurociência da Negociação

YANN DUZERT
MONICA SIMIONATO

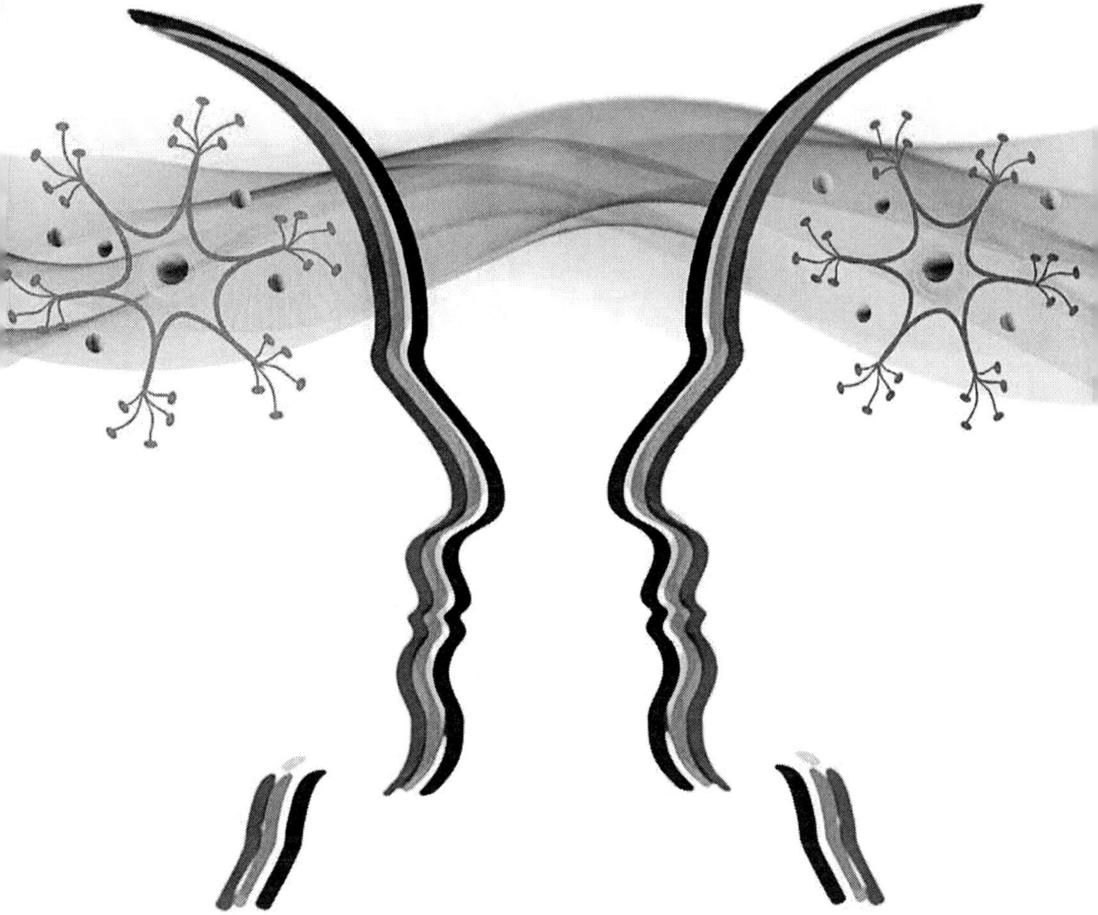

NEWGOCIAÇÃO

A Neurociência da Negociação

QUALITYMARK

Direção Editorial	Produção Editorial
SAIDUL RAHMAN MAHOMED editor@qualitymark.com.br	**EQUIPE QUALITYMARK**
Capa	Editoração Eletrônica
SUELLEN BALTHAZAR	**PS DESIGNER**

CIP-Brasil. Catalogação-na-fonte
Sindicato Nacional dos Editores de Livros, RJ

D984n

Duzert, Yann
Newgociação : a neurociência da negociação / Yann Duzert , Monica Simionato. – 1. ed. – Rio de Janeiro : Qualitymark Editora, 2018.
200 p. : il. ; 23 cm.

Apêndice
Inclui bibliografia
ISBN 978-85-414-0333-7

1. Relações humanas. 2. Neurolinguística. 3. Comportamento interpessoal. I. Simionato, Monica. II. Título.

18-48384 CDD: 158.2
CDU: 316.47

2018
IMPRESSO NO BRASIL

Qualitymark Editora Ltda.	**www.qualitymark.com.br**
Rua José Augusto Rodrigues, 64 – sl. 101	**E-mail: quality@qualitymark.com.br**
Polo Cine e Vídeo – Jacarepaguá	**Tels.: (21) 3597-9055 / 3597-9056**
CEP: 22275-047 – Rio de Janeiro – RJ	**Vendas: (21) 3296-7649**

Sumário

Introdução

A maioria das pessoas quer passar a sua vida em paz, com a sensação de ser amada e feliz; ter uma vida fácil, sem a necessidade de cuidados especiais, sem conflitos. Um dos principais objetivos na vida é apaixonar-se e ter excelentes relacionamentos. As pessoas querem que os amigos e amantes as admirem, querem ganhar dinheiro para serem livres e desejam popularidade e respeito. A falta de consideração no trabalho ou no amor é um dos principais motivos pelo rompimento de relacionamentos.

Passamos 80% do nosso tempo negociando com os nossos amantes, amigos, familiares e colegas de trabalho, desejando que tudo seja fácil e rápido. O propósito da maioria das negociações é ser feliz, ter uma boa família e, ao mesmo tempo, um trabalho que valha a pena. Será esse o objetivo final? Para alcançar esse objetivo, quais são os custos e as concessões a serem feitas?

O termo Negociação vem do latim *negotium* e significa negação do lazer: *neg* quer dizer "não" e *otium* "descanso", "ócio". O exemplo da negação do ócio é o próprio ato de trabalhar, de modo que 80 % do seu tempo você está ligado ao trabalho, aos negócios, persuadindo, vencendo e lutando, a maior parte do tempo, em prol do seu dinheiro, do seu trabalho e da sua família.

Vamos ver como a negociação tem a ver com ganhar dinheiro, sexo e poder. Para se tornar uma pessoa desejada, pessoal e profissionalmente, você precisa sofrer durante longas horas em viagens, com a burocracia, e ter uma sabedoria administrativa para descobrir os labirintos das hierarquias e alcançar privilégios.

Essa navegação poderá purificá-lo e dar-lhe o tempo necessário para você chegar ao seu destino encontrando a "terra prometida", mas se estiver adoecido e cansado, não poderá aproveitar a chegada ao destino. Como disse Jorge Paulo Lehman, o homem mais bem-sucedido do Brasil: "O principal risco é você não correr risco".

A Negociação é uma luta, uma aventura de risco que faz com que as pessoas suportem penitências para alcançar um determinado fim. Muitos negociadores gostam de correr riscos, aceitam a incerteza, aprendem com os erros e estão dispostos a trabalhar com paixão, mesmo sem saber para onde vão.

A maioria das pessoas vislumbra diversas conquistas, mas nem sempre tem disposição para conversas difíceis, suportar lágrimas, frustrações, ressentimentos e emoções destrutivas para manter um relacionamento. Na maioria das grandes cidades do mundo, 60% das pessoas se divorciam. Passamos horas negociando e conversando, utilizando estratégias para conseguir um namorado ou uma namorada, o que nem sempre é prazeroso, já que é preciso uma grande quantidade de energia e perseverança para lidar com a tensão, a obsessão e as frustrações de um não. Todo mundo sempre deseja alguma coisa. Se você deseja os benefícios de algo na vida, tem que aceitar que há custos. Se você quer um iate, também tem que querer as noitadas, os movimentos arriscados de negócios, bem como a possibilidade de conflitos com mais de uma pessoa. "O quanto você está disposto a sofrer?" Os maiores campeões são os únicos que podem suportar a dor por mais tempo e com maior intensidade do que as demais pessoas. Qual é a dor que você quer sustentar? De quanta "Negação do Ócio" você está a fim?

Com a Newgociação há uma maneira de mitigar a dor e reduzir esses conflito por meio de rápidos acordos elegantes. **Newgociação** é a negociação reinventada para o século XXI. Seus ensinamentos não podem ser transmitidos por meio de um professor falando diante de uma sala de aula. Os cursos e palestras de **Newgociação** que ministramos ao redor do mundo têm sucesso porque foram inspirados em como os melhores homens de negócio, vários com pouca formação acadêmica, atingem suas metas. Ele aprenderam fazendo, na prática. Outra fonte de inspiração são esportistas – como aprenderam a jogar e alcançar a excelência?

Todo mundo pode ser um **Newgotiator**. Com a incorporação da linguagem, da mentalidade, dos valores e do modo de vida da **Newgociação**, você vai avaliar suas possibilidades de ganho e se tornar um **Newgotiator.** Quando você falar e sentir prazer com o estilo de vida que a **Newgociação** propõe, estará pronto para usar a técnica dos quatro passos e os dez elementos que o ajudarão a navegar, estar entre pessoas, circular e comunicar-se com pares. Caso você sinta que não nasceu para ser um negociador e que está, portanto, inseguro, acompanhe esta história. O jogador Ronaldo não aprendeu a jogar futebol sozinho, mas na escola da vida, interagindo com seus amigos, competindo, imitando, observando e praticando. Todos eles aprenderam na ação, "fazendo", e foram se transformando para buscar um objetivo, um caminho na vida.

Ser um **Newgotiator** é ser alguém que, ao adquirir conhecimentos, cria uma maneira de atrair pessoas, fãs, compradores, admiradores e, por que não dizer, amores?

Podemos afirmar que a **Newgociação** é uma escola de vida. Está comprovado em empresas e universidades do mundo que é o caminho do sucesso.

Quando você conhecer a anatomia da Newgociação e depois de ter lido casos de negociações, certamente reconhecerá os dez elementos da Newgociação. Nesse momento, já estará habilitado, poderá ir ao **Newgociação Ring**, o fórum público de compartilhamento para a resolução de conflitos.

Companhias tais como McDonald's e Hewlett-Packard, na sua modernidade acreditam que a organização é um newgotiator e o grupo, um negociador, mas não uma estrela *self-made*, não tão eficiente quanto um Newgotiator trabalhando em time.

A técnica e a cultura da Newgociação foram testadas com mais de 300.000 pessoas. Analisando os dados que o site Abebooks oferece, concluímos que temos um modelo sustentável para as pessoas negociarem melhor.

Os resultados da Newgociação são mais simples para reduzir conflitos, aumentar a probabilidade de fechar um negócio, fazer um acordo com mais valor, **Newgotiate** com melhor produtividade. A mentalidade e a cultura da Newgociação a tornam um processo ético e elegante de decisão racional e colaborativa que visa alcançar resultados mutuamente satisfatórios, com grande produtividade.

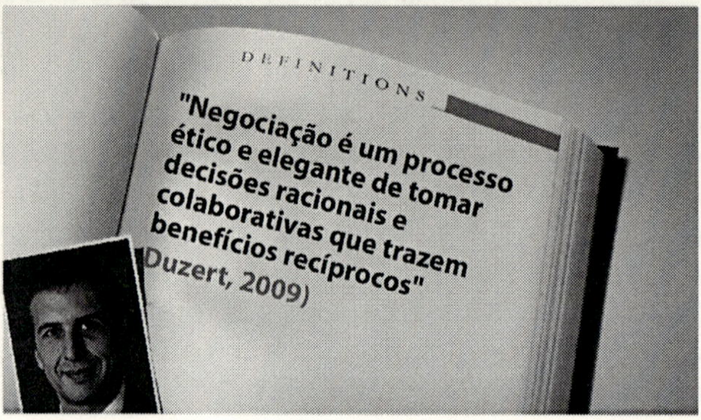

Atualmente, há uma onda totalmente nova que está chegando com Martin Seligman, um dos fundadores do novo ramo da Psicologia, chamado de Psicologia Positiva. Em vez de centrar seus estudos nos transtornos mentais, Seligman elege como alvo de prioridade o estudo das emoções positivas, isto é, dos fatores que levam as pessoas a terem mais felicidade. Propõe mudar o foco da doença para a saúde mental, dando relevância ao potencial, motivações e ao conjunto das capacidades humanas. Da mesma maneira, a Biologia apresentou novidades recentes, provando que Freud estava errado em acreditar que o ser humano é cheio de perversões ao querer matar o pai, ou como Édipo em relação à sua mãe.

Demonstraremos um novo processo para lidar com o outro, produzindo sentimentos acertados e os hormônios que entram em jogo nas relações interpessoais. Há o trabalho dos Prêmios Nobel Allais, Arrow, Nash, Kahneman e Tversky, que estão chegando para transmitir como conviver melhor, como fazer um mundo melhor e ser feliz 80% do tempo, alinhando o prazer da conexão com o da conversação, sem medo de chats ou e-mails como formas de contatar e lidar com os outros.

A Newgociação propõe alinhar a tecnologia para diminuitr a solidão e poder estabelecer relacionamentos para sentir-se feliz e em paz.

Desejamos que, ao final deste livro, você esteja se sentindo bem e possa cantar a música *Happy*, de Pharrell Williams, contribuindo com um grande otimismo para a marcha da humanidade em direção à maior inteligência, sabedoria e coexistência, antes que seja tarde demais.

Você terá aprendido a:

a. Melhorar a probabilidade de selar um acordo: fazendo.
b. Melhorar o VALOR de um acordo: criando.
c. Melhorar a PRODUTIVIDADE de selar um acordo: compartilhando.
d. Autoaprendizagem da Newgociação com o Ring das redes sociais.
e. Expectativa e know-how da Newgociação para evitar conflitos.
f. As regras, o bom senso e a linguagem da Newgociação.

Você pode ler este livro também como a oportunidade para repensar nas etapas da sua vida, percorrendo desde sua infância até hoje, sabendo que:

- De zero a dez anos de idade aprendemos com a família e nas escolas: negociamos com os nossos irmãos, gastamos horas chorando, fazendo birra ou fechando a cara, perdendo tempo de convivência com brigas e jogos de poder.
- Entre os dez e 20 anos de idade, com os picos hormonais nos tornamos adolescentes temperamentais, gerando momentos infernais para a nossa família, amigos e escolas, e comparando, como lagartas criamos reações alérgicas por onde passamos. Depois de ser uma praga, estragando horas da vida familiar e social, o jovem procura parcerias, negocia seu primeiro emprego como estagiário, aprende a fazer parceiros, negociar com os colegas de trabalho e amigos, e então forma uma família e começa a negociar com filhos e cônjuge.
- Depois de percorrer esse caminho e 60% dos casais terem se divorciado, compondo ou não novas famílias, inicia-se o envelhecimento, aparecendo doenças relacionadas ao metabolismo assim como conflitos com amigos, colegas de trabalho e filhos. Começamos a romper relacionamentos, perder amigos, contatos e como sobreviventes de tantos conflitos e sofrimentos, é chegada a hora de passar adiante a experiência, partilhar livros, dar/doar, ser sábio e menos arrogante.

Seria possível passar a vida de um modo diferente? Gastar menos tempo com fofocas, deixar de tagarelar horas sobre uma briga que teve com quem se namora, passar horas em terapia porque seu filho não aceita a sua nova esposa, irmãos que já não conversam entre si por causa de briga por herança ou outra questão qualquer, e o que dizer, então, no trabalho, com parceiros de negócios, porque você sente muita raiva de um deles, quando um afirma que trabalha mais que o outro, portanto merece mais, ou com a dor de cabeça para encontrar e contratar um profissional, porque a relação e o clima no local de trabalho não são satisfatórios. Tantas horas desperdiçadas, tanta dor e sofrimento quando poderíamos disseminar uma cultura de paz, compaixão, temperança, de tomadas de decisão racional, considerando o que a ciência nos provê de informações. Imagine o mundo que teríamos se pudéssemos ensinar aos nossos filhos, desde a mais tenra idade, o caminho que mostra que concordar é discordar sem ofender, se pudéssemos treinar com jogos para aprender a reagir à adversidade com serenidade e bom humor, enxergar o conflito e resolver problemas, ter indulgência com os erros de amigos, agir com bondade e elegância nas reuniões de família, usar a empatia para agir com diplomacia e civilidade, manter uma postura de elegância moral nas relações afetivas, em uma vida em que não haja um dragão acorrentando a sua princesa, ser um líder como um *coach* maravilhoso. A nova mentalidade de ética, responsabilidade social, admiração em vez de inveja, empatia e elegância moral está surgindo com mais força nas organizações.

Pedimos a muitos alunos de mais de 40 nacionalidades diferentes que respondessem à seguinte questão: "Se um dia chegasse na Terra um extraterrestre e tivéssemos que mostrar a ele a grande família humana, mas sem as características bárbaras da maldade e do mal, quem seriam os cinco melhores seres humanos de todos os tempos"? É interessante, porque as pessoas sempre dão a mesma resposta: Gandhi, Madre Teresa, Mandela, Jesus, Dalai Lama ou Martin Luther King.

O respeito, a consideração e a empatia constituem forte motivo para as pessoas permanecerem vinculadas a uma empresa, a parceiros ou a grupos. Ouvi de empresas, como a L'Oréal, que tempos atrás um gerente de Recursos Humanos era igual a um treinador de time de futebol: se um membro não jogasse bem ou estivesse cansado, trocava-se por outro melhor. Se estivesse doente, sua performance era medida em função da doença e o gerente o "queimava".

Nas organizações modernas, os relacionamentos não são mais tratados como objetos descartáveis; uma empresa não é como um aeroporto onde anônimos se cruzam. Pessoas são muito importantes, e atualmente a gestão de pessoas tem como objetivo a valorização dos profissionais, com planos de prevenção antecipando probabilidades de saúde e de adoecimentos. Quando um funcionário está deprimido, já não é mais posto de lado, cuida-se dele. É ouvido, e o contexto é a recuperação da fé, da motivação e do entusiasmo pela vida e pelo trabalho. É uma nova mentalidade de corresponsabilidade, podemos dizer: de coevolução. Essa é a maneira mais eficiente de se opor à cultura antiquada de apontar um culpado ou bode expiatório como solução, ou então de fazer pouco caso das pessoas. São valorizadas aquelas com sentimentos de coração quente, divertidas, amorosas, com um extenso saber – é o segredo do sucesso. Por que tão poucos praticam esse jeito de ser?

Hoje, uma criança dispende, em média, oito horas diante de telas, diariamente. Em 1980, o tempo dedicado à conversa em família era de 1 hora e 30 minutos. Já em 2005, era de 20 minutos. Mas por que as pessoas não estão felizes, há mais solidão no meio da multidão? Grande parte delas, 85%, vivem em grandes cidades, sentindo-se pertencentes a uma multidão solidária. Como reencantar a relação moderna na era da troca digital? Desligando a luz e o som da TV, com nossos dedos, por nós, o toque humano. O prazer de sentir. O mundo sonha por meio de outras pessoas, querem controlar o tempo, os computadores de controle, encontrar uns aos outros no tempo de Adão e Eva, desligar a máquina do sonho, ouvir o coração, olhar nos olhos. Uma das negociações mais apaixonada, divertida e energizante é a sedução entre duas pessoas quando se apaixonam.

Veremos, neste livro, como a negociação é a forma de construir a aproximação, a relação que, com a voz interna, dá certeza de que tal pessoa é a certa. Veremos porque o tempo é um dos principais motivos de conflito e de não fechamento de acordos. Veremos como é possível ser sábio, paciente, esperar o contexto certo, ou o momento certo, para dar o tiro certeiro, sem desperdiçar tempo de caça. Veremos também como construir amizades, e que sentimentos positivos e gentileza podem, mais cedo ou mais tarde, elevar essa relação a um outro nível. Outro desafio é fazer todo mundo feliz, encontrar a harmonia e ganhos mútuos em uma *joint venture*, em uma parceria. A abordagem dos ganhos mútuos é uma estrutura que pode ajudar a construir relações sustentáveis, e isso será apresentado.

Entre os milhões de estagiários e estudantes que já tivemos em todo o mundo, quase 100% pretendiam fazer negociações do tipo ganha/ganha, estabelecendo relacionamentos colaborativos buscando a paz. Por que apenas 20% praticam a abordagem ganhos mútuos e 80% negociam como um jogo de queda de braço?

A Newgociação chega para reduzir a distância entre nossa filosofia, gosto, vontade, teoria e nossa prática, ação. No entanto, seria ingênuo acreditar que tudo pode ser resolvido unicamente por meio de negociação. Vamos aprender, neste livro, quando negociar e quando lutar. Negociar não é somente tornar-se bom, cooperativo ou evasivo, tampouco ser agressivo/assertivo/competitivo. Trata-se de definir limites, ser cooperativo e competitivo, ser leve/gentil com as pessoas, mas duro na defesa de seus interesses. Vamos ver o que é a negociação e o que não é negociável.

Newgociação refere-se à criação de uma geração de pessoas que se sente bem por ter bom senso, não sendo excessiva, sem mentir para si mesmas com autoenganação. Newgociação é um código de honra, uma forma de pregar a temperança, o bom senso e a transparência, sendo cooperativo e competitivo. Tratar o outro como amigo com *fair play*. É uma aposta de expectativa de que o outro também estará em sua boa-fé, no seu bom senso, na sua elegância moral com cavalheirismo.

A probabilidade de fechar um negócio sem a estrutura da Newgociação é de, no máximo, 30%, mas segundo escritórios de advocacia, empresas multinacionais como a Johnson & Johnson, Sony ou Petrobras afirmam que é possível maximizar suas chances de fazer um acordo mais rápido com as novas habilidades e a tecnologia de **Newgociação**, que as ajudam a obter resultados de negociações mais rapidamente. Negociação ágil, maior oportunidade para fechar um negócio ganha/ganha, conduzir melhor a navegação de uma negociação em comparação com outras técnicas até hoje propagadas são alguns dos motivos que nos fizeram escrever este livro.

Acima de tudo, é para ajudá-lo a criar um melhor relacionamento com parceiro(a)s, na família, com seus colegas e companheiros de equipe e, principalmente, evitar conflitos e perda de anos e horas de sua vida em lutas dolorosas e desnecessárias. Ao final deste livro, você vai se tornar um Newgotiator.

yannduzert@yahoo.com
moni.simionato@gmail.com

1

A Gênese e a Evolução da Negociação

A natureza primitiva e instintiva da negociação tem sua origem em uma parte do cérebro chamada de sistema límbico/reptiliano, que é responsável pelas emoções e comportamentos de segurança. Nossos ancestrais pré-históricos já o tinham, antes mesmo da evolução do neocórtex, que é o cérebro analítico que se desenvolveu com a linguagem. O sistema límbico, com o reptiliano, é a parte do cérebro que não fala, mas sente; lá estão os cinco sentidos, as emoções. É nele que se origina a certeza quando dizemos: "que cheiro bom tem esta pessoa" ou "seu cheiro é... tão bom", ou ainda, "este cara é legal". Você não sabe bem por que diz isso, mas há algo que lhe dá essa certeza para sentir e falar assim.

Nas tribos pré-históricas, a relação homem e mulher era baseada em reprodução e poder. Homens faziam uso de ameaça e força em lutas cruéis para alcançar seus objetivos. Por inveja, destruíam os inimigos para obter uma mulher. Violência e dominação foram meios de poder para alcançar objetivos, e a mulher quase não tinha escolha. As tribos pré-históricas eram violentas devido à rivalidade entre machos, com intimidações voltadas a conquistas.

A negociação vem da guerra, da tensão sexual, da sedução e da rivalidade, do ciúme, uma verdadeira competição para mostrar as melhores habilidades para atrair uma mulher, e pela inveja, tudo em função de destruir o que o outro tinha. A eloquência, as mentiras, a reputação, o status social, a manipulação de qualquer *Don Juan* seduzindo qualquer menina com promessas sem compromisso real, as roupas; o cavalheiro acabou por ganhar uma vantagem competitiva sobre o caçador brutal. Pelo cheiro natural, pela natureza instintiva da negociação, a humanidade começou a criar máscaras, dissimulando o cheiro, os pensamentos, tornando-se manipuladora, maquiavélica, sempre com o mesmo sentimento sexual, agora mais polido em uma linguagem civilizada de sedução. O perfume se tornou um instrumento de negociação, a arte de comer e beber com o prazer dos olhos, a dança e a moda como ferramentas sedutoras para despertar o cérebro límbico e provocar a perda do controle. Certas pesquisas provam que o homem prefere mulheres vestidas de vermelho, porque parecem mais disponíveis e sexy. Mulheres preferem homens com cicatrizes no rosto a homens sem cicatrizes, por quê? Porque é um sinal de virilidade, de ser um lutador, o que instiga a memória, no cérebro límbico, a do herói, que luta e protege. Como no filme *O Perfume*, há perfumes usados como máscaras com as quais as pessoas brincam ou as escolhem para atrair e satisfazer seus desejos. Os perfumes atingem a parte reptiliana/límbica, a parte mais profunda e antiga do cerebro, sobre a qual não exercemos nenhum poder racional.

1. Adão e Eva: A mãe de Todas as Negociações

A magia irresistível da sedução pode ser a arte de falar para o cérebro límbico, fazer sonhar, sendo um encantador a ponto de atrair o outro para a sua órbita. Como o poeta francês Baudelaire disse: “No amor, o outro é o sol”. Assim como o cliente, que não sabe o que quer, o newgotiator desperta necessidades, novos desejos, fala para a alma, para o cérebro límbico. William Ury, que escreveu o best-seller *Getting to Yes*. A arte de começar com o cérebro límbico, encontrar o sonho, o propósito. Se definimos e compararmos a negociação como a arte de manter uma relação amorosa, o propósito é chegar ao resultado final: a relação amorosa. Sabe-se que as relações sexuais tem a ver com a felicidade, longevidade e um corpo mais saudável.

Em Newgociação, os sonhos são o gatilho: iniciar com o cérebro límbico é o prazer do olhar, a atmosfera em um contexto favorável, a imaginação. Criar imagens que fazem sonhar, despertam o sentir e o humor, aquele sentimento interno que nos dá a certeza de algo.

Nos relacionamentos interpessoais e nos grupos, a tecnologia impacta o modo como interagimos e, certamente, as negociações que acontecem tanto entre um homem e uma mulher como as conexões sociais e o trabalho. Estudos sobre grupos indicam que grupos com 12 a 20 pessoas conseguem se organizar para maximizar os benefícios da convivência e da cooperação. Já, por exemplo, em um grupo financeiro com mais de 20 pessoas juntas, os participantes começam a lutar e ter dificuldades para se organizar. Para que não haja atritos, a tendência é se separarem em dois grupos distintos.

Entre seres humanos, de acordo com Shimi Cohen, foi o desenvolvimento da linguagem e das fofocas que contribuiu para a criação de grandes grupos e, de acordo com antropólogos, os seres humanos não conseguem gerenciar e estabelecer relações interpessoais mais próximas com mais de 150 pessoas da mesma maneira. O homem é um ser social e a falta de vínculos interpessoais pode conduzir a sérios distúrbios emocionais, sociais e mentais. Segundo Martin Seligman, da Psicologia Positiva, nós nascemos para a relação com o outro, para ter contato, sermos tocados e tocar, nos comunicarmos, trocar, nos sentirmos bem e sermos felizes. Contrariamente a essa abordagem, a ideologia atual indica que os quatro parâmetros principais de felicidade são medidos pela carreira, riqueza, autoimagem e objetos de consumo. Essa cultura particularmente individualista e egoísta, do negociador capitalista, ao limitar as relações na sua família, suas relações sociais e as de seus colegas, provoca a maximização do poder, dinheiro e objetos como únicas formas de reconhecimento.

Como podemos ver, a felicidade, nesse sentido, é um processo para realizar e atingir quatro índices de sucesso. Pode ser lógico, mas cada vez mais assistimos a pessoas perdendo amigos, cônjuges, colegas de trabalho e tornando-se solitários. Talvez possamos dizer que a vida social real tem obrigações e a vida social virtual, não. A tecnologia é simples, o olhar é frio, todos são sempre jovens e bonitos, e assim as pessoas ficam viciadas em plataforma social e romance virtual. Ao ouvir o som de mensagem do WhatsApp, o cérebro produz uma agradável substância recompensadora. Assim, a vida social parece mais eficiente, menos dispendiosa em tempo e dinheiro, as pessoas sentem-se protegidas e conectadas pelo telefone inteligente. No entanto, é uma ilusão pensar que colecionar amigos como se coleciona selos é ter riqueza, a principal sensação da pessoa é mais simbólica do que real quanto a ser popular e poderosa – quando se tem mais de mil amigos no Facebook e não se percebe a diferença entre quantidade e qualidade de amigos de verdade.

De acordo com Robert Gordon, muitos homens e mulheres interagem confundindo o verdadeiro significado profundo da amizade e intimidade só por troca de fotos e bate-papo, sacrificando a relação verdadeira. Eles falam por meio de conexão. Então, as pessoas têm a estranha sensação de estarem "em relação", mas, na realidade, estão "em solidão". Um relacionamento não se mantém por mensagens que aparentam conversas pelo WhatsApp ainda mais se isso for constante, ou enviando mensagens dizendo que está indo para o trabalho, indo dormir, imagens de pratos ou do salão de beleza. Se a pessoa é muito atraente, a conversa acontece por um tempo, mas não havendo contato entre as duas, somente escritos, smileys e símbolos, a relação não se sustenta: Investimos nosso tempo em melhorar o perfil, escolher a nossa imagem para transmitir uma boa aparência. Usamos Instagram, Photoshop para desenhar uma melhor aparência. As pessoas estão mais interessadas em promover a autoimagem do que amizades verdadeiras. A tecnologia das redes sociais está mudando a maneira como paquerar, criando novos padrões, novas formas de vida. No Japão e na China, estudos revelaram que a maioria dos jovens adolescentes que eram tímidos sentiam-se envergonhados ao dar o primeiro passo e falar com pessoas na vida real, mas o mesmo não acontecia quando estavam atrás de uma plataforma virtual ou de um objeto que pudesse facilitar a primeira conexão. Pelo contrário, sentiam-se protegidos, sem correr riscos. As redes sociais oferecem o que a profecia de Andy Warrol anunciou: que todo mundo iria ter gloriosos 15 minutos de fama no futuro.

"Eu compartilho, logo existo", é o "novo Descartes": "Cogito Ergo Sum", "Eu penso, logo existo", o novo Shakespeare "Ser ou não ser do século novo". Antes, armas, palavras, psicologia, bruxaria costumavam ser os objetos da negociação para conseguir o que se queria. Agora, a nova ferramenta é a tecnologia. O sedutor tem que ser um bom anunciante e gerenciar a tecnologia da rede social. Não se envia mais cartas perfumadas, mas uma rosa virtual pelo WhatsApp; não enviamos um poema que fizemos, mas um vídeo criado por outros. Tornamo-nos proletários da tecnologia: copiar e colar o que outros criam. Tornamo-nos mais miméticos, naturais, virais, o que há para enviar em massa aos amigos, aos potenciais amores, é a mesma mensagem replicada, seja por preguiça ou ganho de tempo. Tornamo-nos robôs nas redes sociais. A tecnologia é usada para nos autodefinirmos por meio da partilha de pensamentos e sentimentos. Compartilhamos a nossa experiência real ou criada para nos sentirmos vivos e acreditamos que algo precisa ser compartilhado nas redes. Como o CEO do Google diz: "Podemos criar múltiplas identidades no mundo virtual, criar nomes, inventar histórias, nunca nada será verificado, e a única forma de nos protegermos é nos posicionando atrás de um véu, com uma identidade inventada". As pessoas permanecem 24 horas em um espaço de um metro e meio. O smartphone é como um ursinho de pelúcia, um fetiche que o une à sua tribo, à sua família, e o faz sentir-se integrado, portanto, não se sentir só.

Nessa dança da negociação, podemos ver diferentes tipos de negociadores que entram em contato em diferentes contextos. Vamos identificar e conhecer quais são as emoções e a fisiologia dos diferentes tipos de negociadores em cada contexto. Podemos, também, identificar os diferentes tipos de negociadores por suas habilidades de liderança. Daniel Goleman vê o líder como o principal fator de impacto em um trabalho em equipe. Uma boa liderança pode seduzir, energizar, envolver, motivar e, ao longo do tempo, evitar a geração de rompimentos nos relacionamentos afetivos ou de rotatividade de recursos humanos. Serão abordados os cinco principais tipos de liderança, governança com seus estilos de negociação.

2. O Fator Emocional nas Negociações

Se prestamos atenção, veremos que frente a uma mesma situação, as pessoas reagem de forma diferente. Por que acontece isso? A resposta parece óbvia, pois os seres humanos são diferentes. Então, vamos com mais profundidade. O que nos deixa diferentes entre nós? As experiências de vida que enfrentamos até agora! Todos os episódios vivenciados no passado estão reproduzidos em nossos comportamentos.

Em nosso curso temos um *role play* que propomos a três duplas diferentes. Cada dupla lê o *script* e tenta entrar no personagem, entendendo o assunto. A simulação acontece em momentos distintos e as duplas não podem assistir à simulação dos colegas anteriores. É muito interessante ver como cada um performa o conteúdo de forma pessoal, e, consequentemente, cada dupla, partindo do mesmo *script*, dá vida a uma cena irrepetível, dependendo da personalidade específica de cada um. O caso trata de uma separação entre dois cônjuges. A esposa pede uma pensão para ela e o filho, mas o marido não quer oferecer o valor pedido, pois o avalia como muito alto. A partir de dados objetivos, as diferentes duplas recitam um papel que em parte está escrito, em parte faz parte do que eles são.

O divertido é assistir às três simulações e perceber, nitidamente, como são diferentes. Uma vez, a aluna que recitava o papel da esposa, disse: "Esta situação é idêntica à minha situação real, quando me separei do meu marido." Ela começou a simulação com uma carga emocional bem alta, e não era de serotonina. Ela estava muito envolvida emocionalmente; o parceiro de jogo, que simulava o marido, duelava com ela. Sentimos uma crescente tensão na sala, mesmo entre os participantes, que só olhavam. No final da simulação, o "marido" disse que sentia nitidamente a parcialidade do público masculino e, cada vez que ele conseguia afundar a "esposa tão intransigente", muitos dos homens da sala suspiravam de orgulho. Outras duplas reagiram de forma diferente: quem é mais remissivo, quem mais brincalhão, quem propõe que o casal volte, quem quer revirar o jogo, propondo uma mudança de papel: "Você vai ficar em casa com nosso filho e eu vou trabalhar!"

O que diferencia o nosso estilo é a nossa bagagem de vida, o nosso modelo mental: a nossa maneira de ver o mundo é fruto de nossas experiências. Dessa forma, podemos afirmar que o nosso comportamento é fruto de sensações e emoções que experienciamos no aqui e agora, e que também as experiências do passado, de forma inconsciente, estão presente até hoje. De maneira simples, explicamos um modelo bastante complexo: imaginemos um *iceberg*. O que nós vemos é somente uma mínima parte da montanha de gelo, ou seja, os comportamentos. O que não enxergamos são os fatores que determinaram o comportamento, as razões profundas que, por sua vez, estão se alimentando de memórias inconscientes, em última instância, de emoções e sensações que se originaram frente àquele evento.

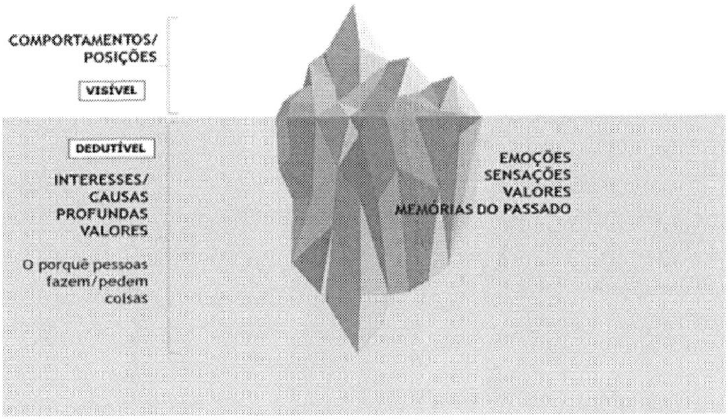

Já parou para pensar em qual é o seu time de coração? A maioria dos humanos tem um vínculo emocional fortíssimo com o time de futebol. Em geral, esse time era o time de uma pessoa muito querida, como o pai, o tio. Em outros casos, era o time que nosso pai detestava – isso, quando o relacionamento com ele era tumultuoso. Não se trata de uma escolha consciente, mas da reação a algo que, quando crianças, não gostávamos. Um ser humano que não se desenvolve reproduz comportamentos aprendidos ou reage adotando comportamentos diametralmente opostos aos comportamentos aprendidos. Por exemplo: crianças expostas a comportamentos violentos do pai/mãe, em idade adulta terão o mesmo comportamento agressivo ou serão completamente passivos. Não haverá meio termo, a decisão consciente de quando realmente se precisa gritar ou de quando uma conversa tem mais valor. Exatamente como robôs reproduzem ou reagem evitando.

Voltamos a observar a imagem do *iceberg*. Abaixo dos comportamentos, mais escondidas estão as causas que provocaram as sensações, que provocaram os hormônios que determinaram as emoções, que originaram os comportamentos que estamos agora observando em nosso adversário ou colegaa de negociação.

Uma dica para se tornar um bom Newgociador: estudar as emoções que observamos no outro. Nossas sensações, hormônios, nossas sinapses, que são fruto do que vivenciamos durante nossa infância e adolescência continuam contribuindo para a nossa mudança e agregando valores a nós mesmos quando adultos. De forma sutil, quase atuando uma osmose, a cultura lapida quem somos. Eis uma imagem para entender melhor. Vamos explicar cada item: a nossa estrutura inata, ou seja, o corpo, como eu sou: com defeitos de visão ou de audição, com duas pernas curtas ou braços poderosos, tudo influencia o nosso crescimento rumo à vida de adulto. Situações traumáticas vivenciadas deixam uma marca poderosa em nosso sistema nervoso, sobretudo se acontecem quando criança, quando ainda não temos a estrutura psicológica para entender, quando o nosso cognitivo ainda não está formado e não temos a lógica para entender, relativizar e ressignificar o evento. Quando acontece nesse período, uma situação difícil deixa uma marca perene. Os elementos psicológicos e fisiológicos se unem dentro de nós. Não tem dicotomia: corpo e psichê estão abraçados e não sabemos onde termina um e começa o outro, quem influencia quem. O ser humano é corpo-mente, único! O que vale relembrar é que nosso sistema nervoso grava, inconscientemente, sensações, emoções, episódios, comportamentos de nossos pais e/ou cuidadores da nossa infância, a educação que recebemos, os fatores marcantes da nossa infância. Os hábitos estão tão interiorizados que, em idade adulta, muitas vezes os reproduzimos sem saber ou querer, só pelo fato de que fomos expostos a eles!

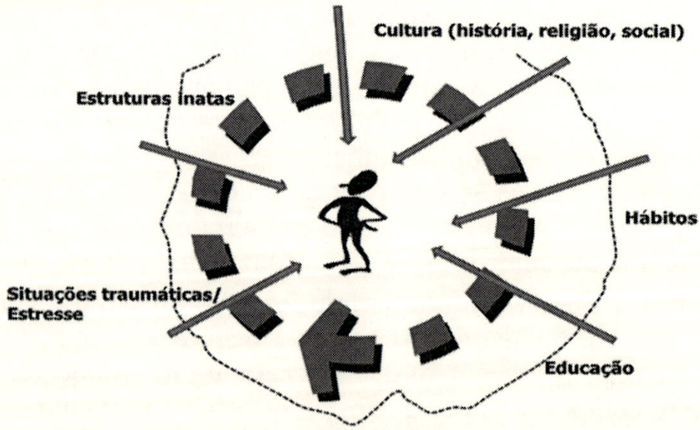

Já falamos sobre o quanto a educação influencia a criança: nascer com uma edução ocidental ou oriental, nascer com uma edução progressista ou retrógrada. Hábitos familiares e cultura nacional completam o que nós somos, influenciando a visão de mundo: no Paquistão, quando chegaram os talibãs[1], vedaram as meninas de ir para a escola e as mulheres foram canceladas da vida pública para cuidar do lar. Algo impensável aqui no mundo ocidental. Aceitação e degustação de tipos de comidas diferentes depende da cultura: porco para muçulmano, vaca e boi para os indianos, cachorro para os ocidentais. Mas basta mudar de nação que podemos ter no prato cachorro, vaca ou porco. É uma questão de fronteiras e de culturas[2].

Monica foi consultora técnica do filme *Tratamento de Choque*, com Jack Nicholson e Adam Sandler, ou seja, ela cuidou para que o roteiro de ficção do filme contasse a verdade quanto ao tópico **emoções**. Cada vez que os atores falam ou agem, o comportamento emocional é completamente verossímil ou verídico. Eis a história: o protagonista, quando ainda criança, sofre *bullying*. É algo muito cruel, marcante, que repercute na sua vida quando adulto, continuamente. A cena inicial do filme mostra o trauma do pequeno: por volta dos dez anos, ele é objeto de derisão, pois um prepotente abaixa a calça e a cueca dele em público, na frente de todos os amigos, no momento em quem ele estava dando o primeiro beijo de sua vida. O filme mostra o que acontece por volta dos seus 25 anos: o protagonista ainda sente um desconforto ao beijar a sua namorada em público. E não é só isso: o cara se tornou um passivo, pisado por muitos, inclusive o chefe dele! Agora, lembrando e refletindo sobre seu passado, você pode entender mais os porquês das suas escolhas e, sobretudo, pode entender melhor como você se tornou o ser humano que é hoje.

---

1 Convidamos nosso leitor a ler e escutar as falas de Malala Yousafzai, a jovem moça que foi baleada aos 15 anos por incitar as coleguinhas de escola a continuar a estudar, por meio de um blog em que também relatava ao mundo os horrores que estavam acontecendo em sua nação. Malala tornou-se tão presente na vida restrita do Paquistão que os talibãs mandaram a ordem de matá-la. Ela foi efetivamente atingida, mas graças ao destino não morreu. Pelo contrário, tornou-se uma ativista política ainda mais poderosa. Malala é um exemplo para todos: ela prega que todas as crianças no mundo devem aprender a ler e escrever e ir à escola, pois só o conhecimento faz crescer e prosperar uma nação. Em 2013, ganhou o Prêmio Nobel da Paz.

2 Quando Monica chegou ao Brasil, estranhou escutar que crianças chamavam de “moça” ou “moço” a padeira ou o taxista, pois na Europa a pessoa mais nova deve mostrar respeito pelas pessoas de idade, chamando de “senhora” e “senhor”, independente da classe social.

Uma emblemática de Jean Paul Sartre recita assim: “Não importa o que fizeram de mim. O que importa é o que eu faço com o que fizeram de mim”. Essa tomada de consciência, levando em conta o que aconteceu no passado, responde porque agimos de determinada maneira, assim como mostra o porquê das nossas ideias políticas, religiosas, esportistas. Faz com que observemos se estamos imitando alguém da nossa infância ou se estamos reagindo a essa pessoa. Como exemplo tangível do fato de que agimos de forma subconsciente, lembremos daquela participante que estava simulando uma esposa litigando com o quase ex-marido: ela não estava em uma simulação, estava vivenciando, mais uma vez, aquela situação que deixou uma marca emocional nela. O neocórtex da pessoa não consegue mais distinguir que estamos em um *workshop* sobre newgociação, que ela se voluntariou para os colegas aprenderem mais sobre o fator emocional nas negociações. A moça em questão está de novo atuando na mesma moldura emocional que vivenciou traumaticamente. Se pudéssemos monitorar seus sinais fisiológicos, poderíamos ver como os batimentos cardíacos são mais frequentes, como sua cor de rosto se tornou mais avermelhada, sua respiração mais ofegante, como os hormônios produzidos são um mix de adrenalina e cortisol, como o cérebro secreta uma dose massiva de dopamina cada vez que ela sente ter ganhado um argumento com o “marido”. Portanto, quando nos damos conta do porquê estamos atuando de determinada maneira, aí começamos a agir, a realmente escolher usando nossa consciência, e não reagindo ou imitando comportamentos já vivenciados em situções parecidas, mas que não são do aqui e agora. Quando esse processo de tomada de consciência acontece, começamos a desenvolver compaixão, compreensão frente a outro ser humano e por nós mesmos e, sobretudo, nos tornamos independentes do componente emocional. Não cabemos mais dentro de um “rótulo”, pois estamos fora do ciclo da repetição.

Entendendo Nosso Cérebro e o Sistema Nervoso

Dan Siegel[3], professor de Psiquiatria na Escola de Medicina da UCLA (Universidade de Los Angeles), propõe um modelo de cérebro que, facilmente, todos poderão se lembrar: Siegel monstra a sua mão e a compara com um cérebro: do braço até a mão é a medula espinhal, que se transforma no cérebro reptliano. Se fechamos a mão, esconden-

[3] https://www.youtube.com/watch?v=gm9CIJ74Oxw, acesso em 22/08/2017.

do o polegar embaixo dos dedos (punho fechado), o polegar será o sistema límbico. Se fecharmos os dedos, cobrindo o polegar, esta camada é a representação do neocórtex.

	Cérebro original	**Sistema límbico**	**Neocórtex**
Modo de processamento	Reação Intuitiva	Comportamental	Ponderado
Nível de processamento	Subconsciente	Subconsciente	Consciente
Função	Compara padrões	Atribui valor	Dá sentido
Base contextual	Universal	Experiência passada	Normas culturais
Resultado final	Lutar ou fugir	Ajusta ações	Dá sentido

Dan Hill, autor de *Emotionomics*, baseia-se no fato de que nosso cérebro possa, grosso modo, ser dividido em três áreas distintas. "O cérebro original dá suporte aos nossos sentidos (...). O cérebro dos répteis não passou desse ponto de desenvolvimento. Nos humanos, essa parte do cérebro é notável por estar envolvida na comparação padrão, ao automaticamente comparar as experiências atuais a contatos passados. Essa habilidade nos permite orientar e medir níveis de segurança e conforto. A segunda parte do cérebro, o sistema límbico, é nosso centro emocional e evoluiu com os primeiros mamíferos. Ele transforma percepções sensoriais em respostas emocionais e físicas, além de fazer a interface com o cérebro mais novo, o racional, que forma a terceira parte do cérebro humano moderno. Portanto, pode-se dizer que o sistema límbico funciona como nosso grande integrador, unindo as porções sensorial, emocional e racional do cérebro. Sua atividade principal é atribuir valor intuitivo às situações com as quais nos deparamos. O neocórtex foi a última parte do cérebro a se desenvolver. Sendo a parte racional, ele é normalmente chamado de "mente". Seus lobos pré-frontais são o centro operacional do cérebro, onde dados complexos são processados (...). O tamanho do neocórtex é diretamente proporcional ao tamanho do grupo ao qual pertence, pois ter que monitorar mais relacionamento exige maior capacidade cerebral. Por causa de nossos complexos laços sociais, os seres humanos têm o maior neocórtex do planeta"[4].

Do ponto de vista da filogenese, da evolução das espécies animais até o ser humano, vemos que o cérebro reptiliano é presente em todos, o límbico somente nos mamíferos e o neocórtex apenas nos primatas superiores e nos seres humanos. Dan Hill e outros pesquisadores afirmam que já que o neocórtex é último a aparecer na linha de evolução, é também o menos poderoso dos três cerebros. Quando estamos em uma situação perigosa, de vida ou morte, o nosso reptiliano toma conta de tudo: o neocórtex se desliga e o ser humano entra em modalidade emergencial, guiado principalmente pelo reptiliano. Todo esse mundo interior, um aglutinado de sensações, hormônios e neurônios, produz emoções, ou seja, uma variação psicofisioquímica em nosso corpo, que por sua vez produz pensamentos e falas e, eventualmente, ações: os comportamentos.

Agora estamos prontos para "observar" uma emoção mais de perto, sabendo, mais uma vez, que estamos mostrando um modelo que não tem nada de estático. O corpo está sempre em equilíbrio porque está sempre se movimentando. Os fluidos correm, as sinapses são contínuas, o corpo se mantém em homeostase, criando sempre um equilíbrio interno dinâmico. A emoção é ativada por um gatilho (já iremos voltar a esse assunto). A sua composição tem a ver com a sensação (cérebro reptiliano), que é associada, no sistema límbico, a uma emoção que, por sua vez, é traduzida pelo neocórtex em forma de pensamento e pode ser expressada também na linguagem e no comportamento. Portanto, a emoção é a tradução interior de uma ou mais sensações físicas que produzem uma mudança interna percebida como estado emocional. Conseguir verbalizar de qual emoção se trata é um grande progresso da nossa consciência e autopercepção.

---

4 HILL, Dan. *Emotionomics*. Rio de Janeiro: Elsevier, 2010, p 20 p.17 e seguintes.

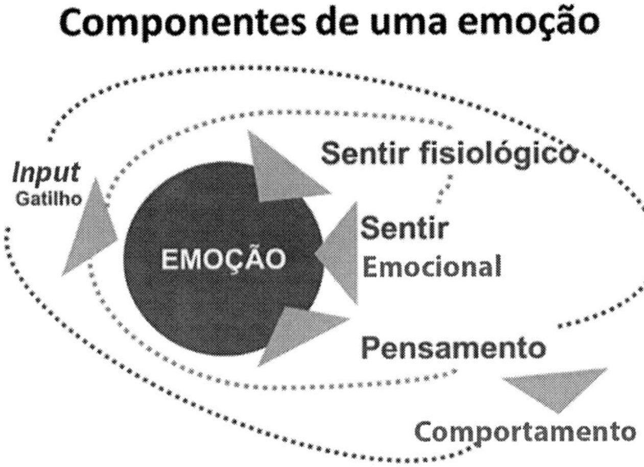

Monica Simionato, *O Fator Emocional nas Negociações*. 2011 Qualitymark

Como já foi falado, a maioria dos humanos não tem a percepção do que acontece dentro do corpo e se descobre agindo de forma emocional sem entender por quê. "Quando o cara começa a falar de política, daquele partido ou daquele time, eu literalmente sinto o sangue nos olhos". Trata-se de uma frase que provavelmente você já escutou. Lendo os jornais, podemos entender como a maioria dos humanos vive dominada pelas emoções ou pelas sensações de sobrevivência, sem consciência. A maioria dos movimentos xenófobos, racistas e classistas tem como base emoções atávicas de ódio e medo pela sobrevivência, indicando no estrangeiro, na cor da pele ou na classe social um perigo para o próprio bem-estar psicofísico. Em termos técnicos, essa situação é chamada de sequestro emocional: o indivíduo é literalmente sequestrado pelas emoções, incapaz de entender o que está acontecendo, agindo na modalidade de sobrevivência, ou seja, regido, principalmente, pelo reptiliano. A inteligência emocional e as competências emocionais ajudam a reverter o mecanismo automático, trazendo consciência sobre o que estamos vivenciando naquele momento específico.

A definição de inteligência emocional é fornecida, pela primeira vez, por Mayer e Salovey, em 1997: "A inteligência emocional é a capacidade de perceber emoções, para acessá-las de modo a assistir o pensamento, para compreendê-las assim como o conhecimento emocional e para, reflexivamente, regulá-las de modo a promover o crescimento emocional e intelectual".[5] Em detalhe, temos cinco competências emocionais:

1. Consciência emocional
   I. Reconhecer os sinais fisiológicos da emoção antes que ela detone;
   II. Capacidade de distinguir e denominar as próprias emoções;
   III. Capacidade de entender qual foi o gatilho que estimulou a emoção.
2. Controle emocional
   I. Conseguir direcionar os estímulos que a emoção provoca;
   II. Conseguir gerenciar a própria agressividade, seja contra si mesmo, seja contra os outros.
3. Automotivação
   I. Conseguir canalizar, harmonizar e energizar as emoções, guiando-as para a conquista dos objetivos;
   II. Agir (e não reagir!) com otimismo e proatividade diante de derrotas e insucessos.
4. Empatia
   I. Reconhecer os indícios emocionais alheios;
   II. Ser sensível às emoções e à visão alheia.
5. Gerenciar eficazmente as relações
   I. Conseguir negociar os conflitos de maneira a chegar a uma resolução da situação;
   II. Comunicar-se eficazmente com os outros.

---

[5] "Emotional intelligence is the ability to perceive emotions, to access and generate emotions so as to assist thought, to understand emotions and emotional knowledge, and to reflectively regulate emotions so as to promote emotional and intelectual": MAYER John & SALOVEY Peter. *What is Emotional Intelligence?* In Salovey & Sluyter. *Emotional Development and Emotional Intelligence: Implications for Education*. New York: Basic, 1997, pp 3-31.

Essas competências são primordiais para quem trabalha com negociação, pois ajudam a gerenciar o seu fluxo, sabendo quando parar, quando pedir mais, quando ser mais intransigente ou menos aberto, mais hermético, fechado ou rápido na tomada da decisão! Claro que, aplicando esse conhecimento sobre nós mesmos, podemos ter certeza de não cairmos na armadilha do adversário e de não sermos vítimas de manipulações, pois teremos uma atenção tão focada que logo perceberemos mudanças de atitude na contraparte e dentro de nós. Dessa forma, podemos imediatamente limitar os danos.

Temos vários modelos para explicar quantas emoções temos e como elas se formam. Eis alguns entre os mais conhecidos: O modelo proposto por Daniel Goleman[6], um dos mais divulgados, considera sete emoções[7]:

---

[6] Veja também o Apêndice A (Que é Emoção?), no livro *Inteligência Emocional* (GOLEMAN, Daniel. *Inteligência Emocional: A Teoria Revolucionária que Redefine o que é ser Inteligente*. Tradução de Marcos Santarrita. Rio de Janeiro: Objetiva, 2001, p. 303-304). No final dos anos sessenta, os pesquisadores Ekman e Friesen viajaram até as ilhas de Papua-Nova Guiné, na Oceania, para encontrar tribos que ainda não tinham tido a influência da tevê e da mídia. Os pesquisadores mostraram fotografias com expressões faciais para ver a qual emoção os membros das tribos atribuíam. A confirmação foi que, mesmo em uma ilha perdida e isolada, pessoas que nunca tiveram acesso a meios de comunicação de massa conseguiam identificar as emoções correspondentes às expressões faciais: SIMIONATO, Monica. *Competências Emocionais*. Rio de Janeiro: Qualitymark, 2006, p. 6.

[7] O conceito de universalidade das emoções, debatido desde a época de Charles Darwin, é hoje aceito mundialmente. O que muda nas diferentes culturas são as manifestações, que são "orientadas" pela cultura específica de onde cada indivíduo nasceu. Qualquer criança do mundo manifesta as emoções da mesma maneira, mas com o passar do tempo, o comportamento dela se adapta aos hábitos, educação e cultura do ambiente onde está vivendo e crescendo. (TOMKIN, Silvan; McCARTER, Robert. *What and Where are the Primary Affects? Some Evidence for a Theory*. Percept Mot Skills, Cambridge, v. 18, p. 119-158, fev.1964).

- Duas positivas[8]: alegria e amor
- Uma neutra: surpresa
- Quatro negativas[9]: ira, tristeza, medo, desgosto e vergonha.

A tabela a seguir baseia-se nas mais acreditadas teorias sobre as emoções, usando três critérios distintos:

a. Existe uma qualidade subjetiva que motiva fortemente, como por exemplo dor ou prazer;
b. São respostas a eventos reais ou imaginários;
c. Motivam um grande leque de comportamentos;
d. Da combinação dos três critérios são originadas sensações, emoções, sentimentos e os *moods*.

A (EARL), anotação das emoções e a linguagem da representação proposta pela *Human-Machine Interaction Network on Emotion* (HUMAINE), classifica 48 emoções. [2]

[8] Ao catalogar as emoções como positivas, neutras ou negativas, referimo-nos aos efeitos que estas emoções provocam sobre quem as experimenta e sobre os outros. De fato, cada emoção responde a um estímulo e é uma resposta adaptativa ao mundo, portanto, estritamente falando, não seria nem positiva nem negativa, mas simplesmente uma adaptação à situação.

[9] O fato de termos cinco emoções negativas, mais do que as positivas, significa exclusivamente que, como o ser humano pertence ao reino animal (é um animal mais evoluído), ele deve se preservar e antecipar a possíveis riscos e perigos. Sendo assim, as emoções negativas nos ajudam a evitar ou antecipar situações perigosas e desagradáveis (GOLEMAN, Daniel. *Inteligência Emocional: A Teoria Revolucionária que Redefine o que é ser Inteligente*. Tradução de Marcos Santarrita. Rio de Janeiro: Objetiva, 2001, p. 20-22).

Negativa e Contundente	Negativa e Passiva
Raiva	Tédio
Aborrecimento	Desespero
Desprezo	Decepção
Nojo	Ferir
Negativa e sem Controle	Tristeza
Ansiedade	Agitação
Constrangimento	Estresse
Medo	Choque
Desamparo	Agitação
Impotência	Estresse
Preocupação	Choque
Pensamentos Negativos	Tensão
Dúvida	Positiva e Animada
Inveja	Divertida
Frustração	Leve
Culpa	Exaltação
Vergonha	Excitação
Cuidar	Felicidade
Afeto	Alegria
Empatia	Prazer
Simpatia	
Amor	

Em 1980, Robert Plutchik construiu a roda das emoções, visualizando oito emoções básicas que originam todas as outras, compostas da combinação das básicas. Os modelos propostos ajudam a entender que o tópico emoções é ainda muito controverso e as pesquisas continuam, como em qualquer ramo da ciência, para aprimorar conhecimento e prática.

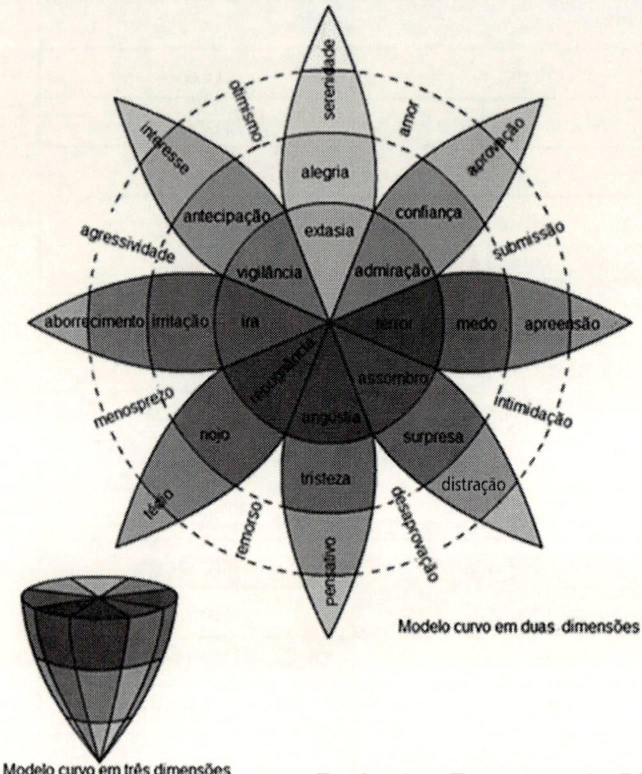

Roda das Emoções de Plutchik

Escuta Profunda para Entender Nossos Gatilhos

Para desenvolver as cinco competências é preciso prestar atenção em nosso corpo, mas o difícil é exatamente isso: prestar atenção. Trata-se de um exercício de escuta e de percepção interna e das vísceras (propriocepção e interocepção[10]), algo bem difícil quando nossa cabeça é enrolada com mil pensamentos. Na prática, significa perceber quan-

[10] Este artigo, escrito por Peter Levine, Mardi Crane Godeau e Peter Payne explica, de maneira bem didática, o que acontece em nosso corpo: propriocepção é a percepção da parte externa do nosso corpo; a interocepção é a percepção das vísceras, uma parte mais profunda e ainda pouco explorada. https://www.ncbi.nlm.nih.gov/pmc/articles/PMC4316402/. Último acesso ao link em 14/07/2017.

do algo está mudando em nosso humor: sentir o aperto no estômago, por exemplo, sentir o rosto ficando vermelho, perceber os olhos arregalando. Significa, também, perceber a emoção brotar por meio do nosso tom de voz, a energia colocada nas palavras, a movimentação do *Body Language*, tendo até vontade de bater na pessoa à nossa frente, de cuspir no seu rosto! Significa lembrar-se do gatilho ativador: se conseguirmos isso, Monica garante que não iremos estragar o outro nem a nossa saúde, já que estaremos em uma tomada de consciência bem elevada, agindo, portanto, de forma "inteligente" emocionalmente, buscando novas saídas sem cair na moldura do comportamento estagnado do passado. Ou seja: podemos escolher uma nova ação em vez da reação habitual.

Outro passo é entender qual foi o gatilho que cutucou a emoção. Essa investigação pode gerar um trabalho prévio: mesmo quando não estamos envolvidos em uma negociação, é possível refletir e observar o que nos deixa irritados, magoados, alegres, amorosos, surpresos ou desgostados. É como preencher um mapa pessoal de autoconhecimento! Praticamente, em nossa experiência, um truque para chegar ao resultado desejado é o de praticar disciplinas como meditação, yoga, artes marciais: atividades que fazem com que a mente e o corpo se conectem, afinando, de fato, a percepção. Isso nos ajuda a perceber as sensações antes que a emoção inoportuna detone a relação. Assim, estaremos satisfazendo a primeira competência **(consciência emocional)**.

Aplicando o conteúdo das competências da inteligência emocional, teremos o **controle** saudável sobre as nossas emoções, ou seja, poderemos direcionar o que acontece dentro de nós, assim como os eventos. O controle não é repressão, não é deglutir o sapo. Essa repetição sistemática de aceitar o que não queremos leva a doenças psicossomáticas, ou seja, influenciadas pela psique, como: gastrite, úlcera, enxaqueca, até chegar a outras, como o câncer. O controle emocional está em saber direcionar a energia que cresce dentro de nós. No caso da raiva, engolir não é uma boa, pois estamos colocando o foco em nosso organismo: o que precisamos fazer é pôr esse foco em algo de fora, sem possivelmente devolvê-lo a quem o ativou. Se fizermos isso, significa que estamos em uma tensão emocional que só terminará quando a vingança for realizada.

"Só consegui parar quando vi que tinha destruído tudo o quanto era possível: móveis, estátuas, cadeiras, vidros. Era como um louco, não conseguia parar. Lembro que até peguei um martelo e bati nas paredes com a intenção de quebrá-las!". Foi o que contou um participante falando de uma traição amorosa. Isso não é loucura, é um acúmulo emocional que estourou contra objetos, e não contra pessoas, como infelizmente lemos nos jornais. Um caso emblemático e ainda controverso: Oscar Pistorius mata a namorada, a modelo Reeva Steenkamp. O promotor da acusação fala que foi depois de uma crise de ciúme; a defesa fala que foi porque ele imaginou escutar um lãdrão entrar em casa. O que é fato: "O atleta se descontrolou várias vezes durante o julgamento de 22 dias, chegando a vomitar em um balde. Ele rompeu em lágrimas novamente na manhã de segunda, quando relatou o momento em que gritou com quem pensava ser um arrombador, levando o juiz a fazer um intervalo de 30 minutos. O psicólogo Jonathan Schultz afirmou que o ex-atleta sofre de depressão, tem sintomas de transtornos pós-traumáticos e de ansiedade[11]."

Para o **controle emocional**, precisamos de muito treino: mesmo conseguindo reconhecer que estamos furiosos, não significaque conseguimoslimitgaro"furacão verbal", de **verbal a não verbal**[12]; ou seja: sinto que estou me irritando, mas não consigo mudar o curso da emoção. E aí podemos ter graves problemas!

Vamos refletir sobre a imagem a seguir, que nos convida a lembrar ou prestar atenção às palavras usadas por cada emoção. Qual é, por exemplo, o vocabulário preferido de quem está explicitando raiva? Ou uma das emoções da mesma família?

---

[11] http://g1.globo.com/mundo/noticia/2014/04/promotor-diz-que-pistorius-discutiu-com-namorada-antes-de-mata-la.html. Último acesso em 13/06/2017.

[12] Verbal indica as palavras que usamos; paraverbal tem a ver com a nossa voz: volume, velocidade, pausas, silêncios, sotaques; não verbal é o *body language*: nossas expressões, gestos, olhar, sorrisos e roupas.

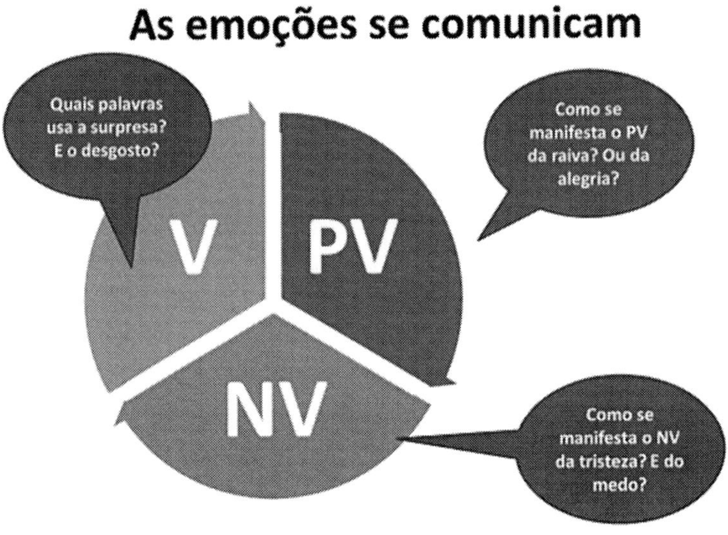

Os estilos controladores ou autoritários usam uma linguagem verbal bem diferente do facilitador, por exemplo. Existem palavras dotadas de conotação positiva e capacidade persuasiva que podemos utilizar para enriquecer nossa comunicação e gerar influência: **sim, segurança, saúde, feliz, correto, melhorar, lucro, divertido, merecer, descoberta, desafio, amor, liberdade, vantagem, valor, resultado, novo, fácil, confiança, poder, garantia, verdadeiro, nós, juntos, vital, alegria, investimento, conforto, científico, sincero, oportunidade, crescimento, eficácia, pontual, único, importante, genuíno**.

De maneira similar, existem palavras que têm um componente negativo e de dissuasão (também, nesse caso, o contexto completa a comunicação): **não, errado, injusto, sujo, problema, desconforto, inútil, falta, impossível, nunca, improdutivo, nada, gastar, explorar, roubar, assim**, ou **nada, insuficiente, jamais, idiota, sonegar**.

Imagine o não verbal de um empreendedor: sua garra na fala, a velocidade e a empolgação da sua voz, os gestos, provavelmente amplos, e os olhos bem abertos, quase rapazes. Faça o exercício de ver com os olhos da mente cada estilo se expressando. Vai ser bastante útil quando você estiver na cena real, além de ser uma forma de reconhecer as emoções e os hormônios envolvidos.

Voltando e finalizando as competências emocionais: a **automotivação** é também uma competência árdua, a ser atingida com plena consciência. Significa não perder a esperança, tentar e, sobretudo, agir, evitando reações comportamentais automáticas. Mas mudar os automatismos é muito difícil. Imaginemos um torcedor fanático. Como poderá reconhecer que a outra equipe foi melhor? Quanto mais perdurar o hábito, mais difícil será mudar. Dessa forma, o desenvolvimento da automotivação deve ser perseguido com cuidado.

A **empatia** é o processo que aplicamos para o outro: reconhecer os sinais emocionais no outro, entender o que acontece e se colocar no lugar alheio[13]. Isso nos porta, naturalmente, a ter **relações satisfatórias**.

Outra razão do porquê o newgociador deve prestar atenção: a IE é fornecida por Joshua Freedman[14], que compartilha alguns casos de sucesso: "Na Sanofi-Aventis, uma empresa farmacêutica, um grupo de comerciais foi dividido em dois: um de controle e outro submetido programas de desenvolvimento. Este último grupo recebeu treinamentos de inteligência emocional e aumentou o quociente emocional de 18% (em média). As vendas do grupo de controle tiveram um aumento do 12%, ou seja, de cinquenta e cinco mil e duzentos mil dól por um total de dois milhões, duzentos e oito mil dólares americanos por mês. A firma calculou que teve um lucro de seis dólares americanos por cada dólar investido na formação do pessoal[15]."

Um caso gerenciado pela empresa de Freedman, em Dubai, demonstra que existe uma correlação muito forte entre performances elevadas e emocionais: "Uma pesquisa com 418 líderes que vivem na região (de

---

13 Nos anos noventa, o professor Giacomo Rizzolatti, da Universidade de Parma (Itália), com a sua equipe, fez uma descoberta em Neurociência que ajudou a entender o funcionamento biológico da empatia: os neurônios espelhos. Trata-se de neurônios localizados na parte frontal do cérebro, neurônios que se ativam vendo outro ser humano. Uma sintética entrevista do professor Rizzolatti pode ser assistida aqui: http://www.youtube.com/watch?v=yKPTuCoop8c (acesso em 04/07/2017)

14 Freedman é um dos especialistas mundiais em Inteligência Emocional e foi um dos fundadores da Six Seconds, uma consultoria especializada em Inteligência Emocional. http://jmfreedman.com/ .Acesso em 02/07/2017.

15 FREEDMAN, Joshua. *The Business Cases for Emotional Intelligence*. San Francisco: Six Seconds editions, 2010.

Dubai) demonstra que há uma relação muito forte entre as competências de inteligência emocional e os resultados obtidos. Estes últimos se baseiam no SEI (Six Seconds Emotional Intelligence Assessment) e mostram uma variação de mais de 58% nos fatores críticos de sucesso profissional e pessoal (como influência, eficácia, relacionamentos, carreira e status econômico):[16]".

A negociação agonística tradicional deixa os protagonistas extremados, pois cria um ambiente tenso e nervoso, sendo o estresse um elemento constante. Ninguém pode baixar a guarda pelo risco de ser manipulado. Trata-se de um estilo de negócio improdutivo e de curta visão: como ninguém gosta de perder, ainda mais de maneira feia, são alimentadas emoções da família da ira, como raiva e vingança, em detrimento de uma relação que poderia ser saudável e produtiva se considerarmos um prazo mais longo.

Uma pesquisa conduzida pela Northwestern University[17] provoca o leitor ao afirmar que "negociadores negativos têm resultados melhores do que negociadores positivos". A ressalva dos pesquisadores é que, a curto prazo, emoções como raiva, frustração e irritação realmente deixam o adversário mais nervoso e fraco, o que faz com que os "negociadores negativos" ganhem mais terreno sobre a contraparte. O que devemos lembrar, entretanto, é que o curto prazo corresponde somente a uma negociação, e a carreira profissional do negociador implica em muitas negociações. Na pesquisa com Yann, vimos que quando o tempo está a nosso favor, é válido fazer uma negociação moralmente elegante e respeitosa com o outro.

Saber utilizar prudentemente as emoções negativas e os comportamentos ameaçadores é uma técnica que ajuda a resolver a negociação, com a satisfação de ambas as partes. Adam Galinsky[18] alerta, sobre a utilização de comportamentos agressivos, como as ameaças: "Impor uma ameaça poderia incitar a um desejo de vingança. Psicólogos pesquisaram que a vingança tem um alicerce biológico que persiste até que seja completamente satisfeita, como a fome. Quanto mais duras

---

[16] Ibidem.

[17] LI, Shu e ROLOFF, Michael. *Strategic Negative Emotions in Negotiation*, Northwestern University, 2004. Para ler o artigo: http://papers.ssrn.com/sol3/papers.cfm?abstract_id=609283. Acesso em 07/02/2017.

[18] GALINSKY, Adam. *Putting on the Pressure: How to Make Threats in Negotiations*, in Harvard Business School, 2004, p. 3.

são as consequências da ameaça, maior será a retaliação". Uma observação suplementar sobre emoções e comportamentos negativos é que precisamos sustentar nossa posição até o final: ameaçar e não cumprir equivale a deslegitimar nosso comportamento, assim como ameaçar e não conseguir cumprir a promessa por falta de recursos (econômicos, de força).

Na revista *New Science*, Joseph Paul Forgas[19] conta como uma leve tristeza, melancolia, nos deixa mais alertas quando tomamos decisões. Isso significa que consideramos mais variáveis, analisando uma por vez. O fato de estarmos em um *mood* da família da tristeza nos deixa mais persistentes na tentativa de performar uma atividade que comunicaremos melhor, prestando atenção ao sentido real das palavras, procurando evitar um equívoco. Pessoas com essa emoção seguirão ainda mais as regras, em vez de burlá-las, mesmo não compartilhando completamente o conteúdo. Ora, é evidente que adotar um estilo relacional como propomos com Newgociação implica um esforço maior em termos de consciência de si mesmo frente ao próprio autoconhecimento (gatilhos emocionais, consciência e controle emocional) e às próprias ações e comportamentos. E o prêmio ganhado vai ser duradouro e promissor.

Agora que todo mundo está mais ciente da importância das emoções e das competências emocionais, vamos investigar quais são seus gatilhos. Dessa forma, da próxima vez será mais fácil lidar com compaixão e elegância moral, mesmo durante a pior das negociações.

Prevenção do Pavio Curto

O gatilho é o ativador da emoção. Seria bastante útil se o leitor, nesse momento, parasse para se lembrar de casos recentes de "estouro emocional", em emoções como raiva e família, tristeza e família, ou medo e família. Contaremos algumas histórias que nossos participantes compartilharam conosco. Uma vez, uma advogada sênior contou que, para ela, era extremamente desagradável escutar alguém assobiando. De manhã, quando ela chegava no escritório, mal cumprimentava o zelador, pois ele assobiava feliz toda manhã. Outro participante disse que, durante uma negociação, foi pego de surpresa quando a parte contrária estava contando sobre como, em cada final de semana, passava seus

[19] http://neurosciencenews.com/bad-mood-psychology-6739/, Último acesso 15/06/2017.

dias a resgatar cachorros abandoados. O advogado, que estava em um momento de maior abertura, foi atingido profundamente pela história, pois lembro que ele, durante a adolescência, aos doze anos, tinha encontrado seu cachorrinho abandoado na rua. Esse cachorro tornou-se seu melhor amigo, logo, escutar como o outro negociador passava seus dias o deixou mais sensível e aberto a negociar de forma menos rude. Outros contaram sobre como o frio ou a fome influencia o humor, aumentando até mesmo a pressa para fechar rapidamente uma sessão. Conhecer seus próprios gatilhos ajuda a não cair em armadilhas.

Negociadores que não abraçam a Newgociação podem ser muito cruéis somente pelo gosto de ganhar. Podem, por uma negociação em um lugar com ar condicionado bastante potente, chegar bem agasalhados e deixar a contraparte sofrendo. Nossa resistência à mudança vai suportar o frio até que cheguemos ao ponto de não ser mais possível articular, calmamente, nossos pedidos: estaremos prestes a estourar, mesmo.

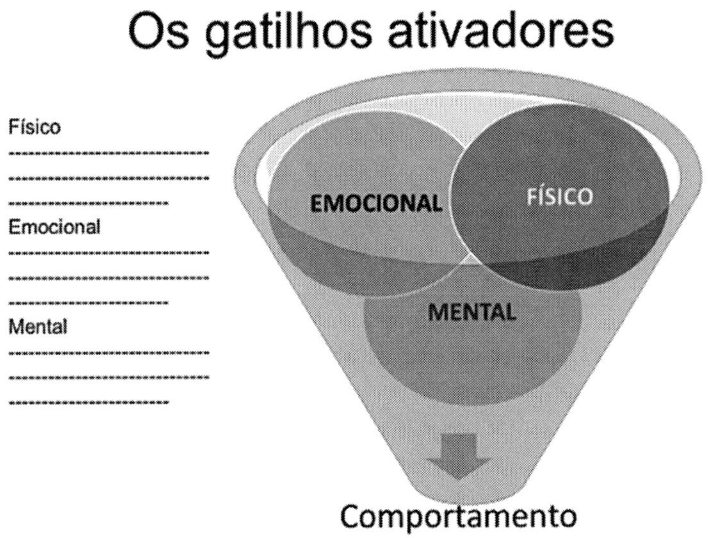

Para evitar ser alvo desse estilo manipulador de um negociador, precisamos estar prontos emocionalmente, sabendo exatamente quem somos e quais gatilhos são mais sensíveis para a nossa ativação. Qualquer gatilho leva ao lado emocional se não for limitado desde já. Ou seja: para atingir um nível de grandeza moral e de postura cavalheiresca de *newgociação*, precisamos treinar antes. Não adianta tentar quando estamos no primeiro encontro. Essa fase, assim como a fase técnica de preparação de uma negociação, requer atenção, exercício e repetição prévia!

No filme *Tratamento de Choque*, o protagonista consegue amenizar seu estado de passividade e de raiva implosiva enfrentando as situações e postulando claramente suas necessidades: isso, depois de muito treino e provocações!

Muitas vezes, propomos para nossos participantes contar quantas respirações fazem por minuto. Em geral, vemos uma conexão bem evidente entre pessoas nervosas e de pavio curto com uma respiração bem rápida e frequente; ao contrário, quem tem uma respiração mais lenta e profunda, também, na aparência, demonstra calma e presença.

Para termos mais fôlego durante uma negociação, podemos treinar com consciência a respiração, pois o que constatamos com muitos especialistas é que, uma vez perdida a calma, ou seja, quando a emoção está se desenrolando, não conseguimos mais voltar à calma, logo, precisamos articular um trabalho de prevenção bem robusto. Esse simples comportamento pode reduzir, drasticamente, a deglutição de emoções tóxicas. Isso gera, ainda, uma reação "bola de neve", impactando a absorção de psicofármacos. A respiração profunda é fonte de bem-estar.

Treinando Nossa "Paciência" na Arte da Negociação

Para se tornar um neogociador bem-sucedido é necessário ser articulado em três frentes distintas. São elas:

1. Ter conhecimento técnico do assunto a ser tratado. Se, por exemplo, iremos negociar sobre tecidos e máquinas industriais, precisaremos recolher todas as informações necessárias ou ir até o local, com um especialista do setor, a fim de termos um suporte que entende as nuances do assunto a ser tratado.

2. Ter desenvolvido as técnicas de neogociação que estão aqui ampliamente tratadas e ter um conhecimento amplo sobre a nova arte de negociar, a negociação.

3. Saber quem somos, ter um autoconhecimento que nos permita enfrentar situações difíceis com um alicerce de conhecimento

emocional bem fundamentado sobre os outros e sobre nós mesmos. Esse capítulo tratou exatamente desse tópico.

Nas linhas seguintes explicaremos algumas estratégias para que possamos nos defender das tempestades emocionais que, algumas vezes, negociadores sem princípios e sem ética utilizam, voluntariamente, para despertar dúvidas e fraquezas psicológicas.

O controle da própria respiração é, sem dúvida, um dos maiores fatores de sucesso para manter a calma. Quando falamos de controle, novamente precisamos entender que não se trata de forçar a respiração, mas sim de um acompanhamento consciente do que acontece no respiro e com o respiro.

Uma pesquisa da Perelman School of Medicine, da Universidade da Pensilvânia, publicada no *Journal of Clinical Psychiatry*, explica que praticar yoga faz bem para o nosso sistema nervoso, com ótimos resultados para a autoestima e o senso de bem-estar geral. A pesquisa foi feita com 25 pacientes que demonstravam baixa autoestima, tristeza e inapetência. Foram formados dois grupos. Os pacientes de um dos grupos começaram a praticar yoga e respirações pranayamas (respirações conscientes) por dois meses. Os do outro grupo, não. Quando foram medir a situação, usando o teste de Hamilton observaram que aqueles que praticavam yoga tinham uma pontuação 50% melhor em relação a quem não praticava. No Brasil, nas grandes cidades, muitos sofrem de distúrbios emocionais cuja solução é rapidamente delegada a um comprimido. Um maior autoconhecimento e uma maior prática de atenção psicofísica certamente podem contribuir e mitigar o uso de fármacos, sendo empregados apenas em casos realmente graves. Essa afirmação não deve ser tomada de forma leviana: o que queremos dizer é que muitas emoções tóxicas, que produzem mal-estar, podem ser reduzidas se tomamos uma atitude proativa. Se nosso interlocutor é um carrasco, um aproveitador, um rude e não nos respeita, isso produz ansiedade, estresse, nervosismo.

Eis um simples exercício para treinar esta habilidade físico-psicológica: a **respiração quadrada**. Se a praticarmos por alguns minutos, a cada dia será possível ver uma grande diferença (e os outros também terão uma diferente percepção do nosso comportamento) na nossa forma de agir: trata-se de respirar com atenção, criando ciclos regulares entre a fase inspiratória, a fase com pulmões cheios, a fase respiratória e a fase com pulmões vazios. Os segundos utilizados para encher, segurar, exalar e ficar com os pulmões vazios devem ser iguais. A sugestão é começar com uns três, quatro segundos e aumentar segundo a própria capacidade, sem forçar para não ativar o sistema simpático, o sistema nervoso, que excita e, em vez que nos acalmar, faz o inverso. Veja a tabela a seguir, bem exaustiva[20].

Emocão e respiração

	Muito nervoso	Nervoso	Normal	Calmo
Número de respirações p/minuto	35-40	20-28	12-18	6-8
Volume de ar inspirado a cada respiração (ml ca)	150-170	300-215	500-330	750-1.000
Ar preso expulso p/ minuto (ml ca)	100	2.400	4.200	5.100
Ar preso guardado p/ minuto (ml ca)	5.900	3.600	1.800	900

As Três Posições Existenciais

As posições existenciais são um movimento dinâmico que podemos exercer com nossa consciência. Por exemplo: tente ver-se de fora. Imagine que um drone esteja observando você, que agora está lendo, com seu corpo um pouco dobrado, segurando com as maõs um livro ou um tablet. Tente observar os detalhes: como sua respiração está acontecendo? Quais expressões seu rosto reflete? Quais outros movimentos consegue perceber o drone, mantendo a consciência totalmente de fora? Quem está por perto?

Agora, a consciência passa na posição perceptiva interna: imaginemos uma telecâmera microscópica interna: o que está acontecendo dentro? Quais sensações, emoções e pensamentos estou experimentando em primeira pessoa? Consigo sentir as vísceras? Consigo sentir o coração?

---

[20] Paul Wilson, *O Pequeno Livro da Calma.*

Agora, passemos à terceira posição, aquela que, de forma simultânea, abraça "voce+eu=nós". O que poderia acontecer para nos aproximarmos de forma a reduzir conflitos, tensões e deixar brotar um clima melhor, mais elegante e mais generoso?

Movimentar-se entre as posições perceptivas é um exercício de grande valor, pois quando estamos na negociação, é possível sair, facilmente, do envolvimento emocional ativando mais a nossa parte racional, ampliada, e mostrar soluções compartilhadas[21].

Identificando o Perfil do Adversário

Nos capítulos seguintes falaremos bastante sobre os possíveis perfis do negociador e sobre como ele pode se comportar para enfrentar melhor cada um. O que faremos aqui é explicar porque conhecer, antecipadamente, o perfil do seu adversário, é útil: ao conhecermos "o futuro", ficamos mais calmos, relaxados. Quando, por exemplo, o autoritário quiser controlar até as suas ideias, quando levantar a voz querendo intimidá-lo, você já saberá disso. Basta observar a cena, pondo a sua consciência dentro de um drone, que voa em cima de vocês. Só escute a gritaria, veja a manifestação de poder que a outra pessoa ostenta à sua frente e, internamente, se sentirá tranquilo, já que essa era uma reação previsível. A percepção de poder "controlar" ou "conhecer" os eventos nos deixa mais calmos. Um estudo publicado em julho de 2017[22] observa que as pessoas poderosas perdem algumas importantes habilidades típicas da inteligência emocional e social, como a capacidade de sentir empatia pelos outros, não conseguindo colocar-se no lugar dos demais. Perdem, portanto, a capacidade de sentir compaixão. O estilo autoritário tende a ser muito poderoso: essa é a causa primária da perda de empatia. Refletindo, podemos avançar mais e entender porque muitas pessoas usam um pequeno poder como se fossem poderosas. Trata-se da sensação interior, que pode ou não ter a ver com um poder real. Os pesquisadores anunciam que a única terapia para resolver essa falta de empatia e restaurar os circuitos naturais do neurocórtex é parar de se sentir poderoso. Simples assim.

---

[21] Robert Dilts deu muita ênfase a esta técnica, que talvez alguns possam conhecer como "ir na varanda", já sugerida pela escola de Harvard. Trata-se também de uma poderosa técnica de meditação tibetana.

[22] https://www.theatlantic.com/magazine/archive/2017/07/power-causes-brain-damage/528711/

Negociações complexas merecem um preparo especifico não só quanto ao tópico tratado, mas também quanto aos seres humanos envolvidos. O autoconhecimento é um portão que leva para a sabedoria em qualquer situação.

3. O Estilo e Identidade dos Negociadores

3.1 O Estilo Autoritário

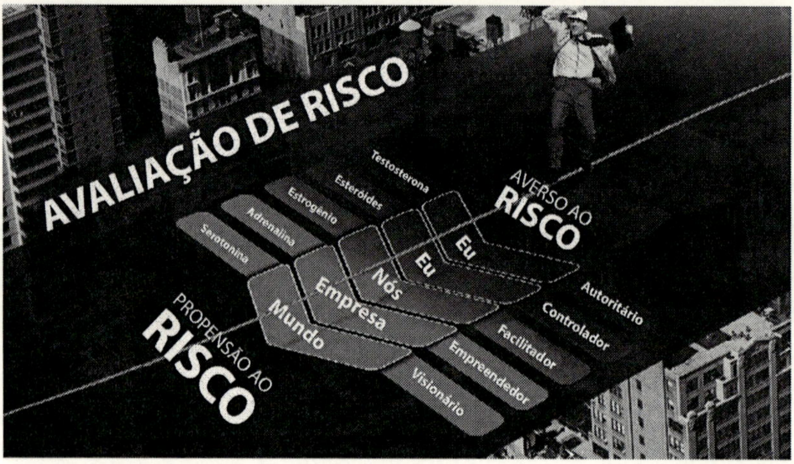

O autoritário é um tipo de pessoa, homem ou mulher, que vê a arte da guerra e os jogos de poder como a fonte de satisfação do seu ego. É um tipo de negociador difícil, porque usa todas as táticas possíveis para alcançar seu objetivo. No contexto da conquista amorosa ou em qualquer projeto, sua tendência é produzir altas doses de testosterona, o que reforçará o comportamento agressivo e contundente de fazer as coisas. Se o poder é o nome do jogo de sedução e de negociação, ele usará todas as táticas éticas ou não éticas para alcançar o seu objetivo. É guerreiro, competitivo e ciumento, quer ser melhor que todos, ter mais, ser rico, ter a melhor garota. Esse tipo de negociador ama o status, ser patrão e a hierarquia. Para ter poder e atrair, ele pode falar como paternalista de maneira a intimidar, pode usar ameaças e recompensas para ter pessoas sob seu comando ou que aceitam suas regras. Usará de manipulação verbal fazendo promessas, mostrando competência carismática, diplomas e todos os sinais para que seja visto como "O Homem". Impressiona mulheres com objetos de autoridade, uniformes, carros, casas, referências, citação de nomes, fazendo parte do clube das pessoas que têm distinções. E como lema, diz sempre, de várias formas: "Comigo você vai longe".

Um playboy é, por essência, um colecionador mulherengo que manda recados para outras mulheres, acreditando que estar com ele é um ganho. Os competitivos são sempre atraídos por aquilo que o mercado indica como bom. É o que o economista Keynes disse sobre os concursos de beleza: "O júri não vai escolher necessariamente quem acha a mais bonita. A escolha irá satisfazer o mercado e o que as pessoas pensam sobre o que é ser mais bonita". O autoritário está, portanto, interessado no que tem valor de mercado, no que é visto como uma fonte de inveja. Ele gosta de mostrar que é um deus, e que é procurado como tal. É tão autocentrado que esculpe a sua imagem, seu corpo, tudo que alimenta a sua vaidade e autoestima. O outro não tem valor, não conta, a não ser que lhe faça a corte como um súdito, um espelho de cumprimentos, alguém que o faça sentir-se superior. Os autoritários querem ter sempre a última palavra, dominar o relacionamento, inclusive na cama. Gostam de relações tensas porque produzem testosterona, agressividade, apimentam e dão intensa importância à sua vida. Os autoritários tendem a preferir esportes como UFC, sangue correndo, relações masoquistas, e se descartados, lutam para recuperar o amor. Adoram fazer drama. São, em geral, pessimistas e cínicos, desprezam e humilham. O gosto pela inveja destrutiva ou ciúme competitivo faz com que gostem de comparar, sendo perseverantes com os outros, com crueldade. Falam muito sobre o seu próprio exemplo de bondade, mostram fotos para provocar ciúme e lutar com mais inveja. Eles jogam pesado na sedução, e não havendo resposta, torturam o outro até conseguir colocá-lo na sua rede.

A autoritária pode ser uma bulímica, alguém que gosta de acumular coisas, alimentos, objetos, corpos que nunca chegam à saciedade ou moderação.

Os autoritários tendem a exagerar e não têm temperança. São consumidores impulsivos, e só se concentram nos riscos da perda ao tomar uma decisão. Sua motivação é menor para ganhar do que para perder. Os autoritários amam colecionar. Em suas residências ou escritórios, há muitos objetos de antiguidade. São melancólicos e saudosistas. Falam sobre grandes quantidades para expressar apenas o que lhes falta.

Podem ter a maior coleção de selos do mundo, mas só falarão sobre aqueles que lhes faltam. Eles perdem. Gostam de ter dinheiro guardado no banco, pessoas em casa, e de possuir e proteger o que têm. Serão generosos se lhe trouxer prestígio, mas certamente preferem segurar, poupar do que gastar. Em um casal, a maior causa de conflito é em relação ao tempo, filosofando a respeito de gastos/poupança.

Haverá sempre um conflito entre um gastador e um salvador autoritário. Uma das principais fontes de conflito dos casais é o dinheiro. Geralmente, em diversos contextos diferentes de negociação, o tempo é o principal desacordo pela diferença de percepção e de interesse. Um autoritário não gosta de conselhos, então você deverá ser prudente e usar de metáforas, deixando-o deduzir sozinho. Ele ama centralizar e estar no topo da pirâmide, ser o decisor. Esse tipo de autoritário tem um voz potente, usa de voz forte, gosta de ser um líder que dá ordens. É o tipo de negociador inflexível, que não gosta de ouvir conselhos. É avesso a riscos, pois não gosta de mudanças nem de novas ideias. Oferece presentes para que as pessoas se sintam devedoras, compra as pessoas, ameaça, assedia, esconde, é um briguento que lida com emoções: ódio, ciúme, inveja, ira, raiva, irritação, tristeza, dor, vingança e tédio. São homens e mulheres que perseveram em ser campeão ou campeã fazendo tudo para atingir seus objetivos Podem até ser hipócritas para se apropriarem de mais poder, seduzir para encantar pessoas e atingir metas. De certa forma, podem hipnotizar, criando momentos de surpresa ou terror, procurando, com intensidade, ter pessoas obcecadas por eles. Podem assediar uma mulher durante anos ou meses a fio, até ela cair em sua rede. São como alguns políticos, nunca desistem ou não hesitam em fazer ameaças. Como mafiosos, podem preparar a sua vitória vinte anos antes. Como calculadores maquiavélicos, eles são tão teimosos e obsessivos que vão atrás de candidatos até que sejam eleitos.

Nosso colega da Korea Seoul Broadcasting System e Korea Institute of Development mencionou o tipo de líderes que eles têm na Coreia do Sul. Como a classe alta está sendo vítima da moda, de ostentar a vida luxuosa, a nova classe alta, que é muitas vezes esnobe, tem o estilo Gangnam. Fazem coisas loucas, gostam de roupas e danças de funk para chamar a atenção, satisfazer seu ego e brilhar.

O autoritário lê Sun Tzu, *A Arte da Guerra*, usa subterfúgios, táticas amorosas para levar à loucura, obsessividade, choque, perseguição, assédio, assalto, defesa, ataque. Dança como um dançarino de tango, provoca. Sua negociação vê o poder como o principal elemento. Age como nos tempos pré-históricos, achando normal espancar uma mulher para obtê-la. Usa o dinheiro para comprar escravo ou mulher. O autoritário é, muitas vezes, um sedutor com forte carisma, gosta de se mostrar e brilhar, uma celebridade traficante VIP. Para um autoritário, qualquer um é legal se estiver em situação inferior a ele, que deve ser o melhor em tudo. Por exemplo, um autoritário terá a reação de pegar ou largar.

Talleyrand, que foi diplomata de Napoleão, tinha negociações difíceis com o imperador da Prússia, que controlava Paris. O imperador estava com raiva e odiava os franceses por causa de uma rebelião. Para punir a falta de respeito e pelo confronto com os franceses, ele queria destruir uma ponte de Paris. O embaixador da Inglaterra, Eaton, foi encontrar-se com o imperador da Prússia e gerenciou o fator tempo para adiar a destruição. Sua posição foi quebrar ou não a ponte. O imperador teria um ponto de satisfação contra nenhum dos franceses se quebrasse a ponte. Se não o fizesse, ele teria zero de satisfação, e os franceses um. Sair do dilema, quebrar ou não quebrar a ponte, foi difícil. Talleyrand compreendeu o interesse subjacente (desejos, necessidades, preferências) do imperador, que queria respeito, reconhecimento, queria um sinal de submissão dos franceses. Ele não estava preocupado com a ponte, a ele não importava o valor histórico cultural da ponte, não se preocupava com a logística do transporte dos parisienses ou se havia outra maneira conveniente para atravessar o rio Sena. Os franceses davam muito valor à logística, ao valor histórico cultural da ponte, e como haviam sido invadidos e subjugados, não reconheciam a autoridade e o domínio do imperador. Talleyrand reuniu as necessidades e criou uma nova forma de pensar o problema, uma nova mentalidade: foi encontrar-se com o imperador em nome do povo francês e ofereceu a ele batizar a ponte com o seu nome, Alexander III. O ego, vaidade, consideração, respeito foram atendidos, e a logística e identidade cultural ficaram preservadas. O governador aceitou essa solução ganha/ganha (um para o prussiano, um para o francês). Ele mudou a redação do conflito em uma resolução conjunta de problemas, encontrando o enunciado do problema como "mudar ou não mudar o nome da ponte" em vez de "quebrar ou não quebrar a ponte".

Lidar com o autoritário exige muita criatividade para sair da inibição, falar em círculos em posição de impasse. O autoritário gosta de dar ordens e ficar no topo. Ele encontra formas de diminuir as pessoas usando a descrição de cargos, chama de coordenador quem é diretor, por exemplo. Gosta de ser o único a ter prestígio e aquele que brilha em uma sala. Você nunca seduzirá um autoritário competindo com ele, falando mais que ele. Você o seduzirá e tranformará a sua vaidade em condescedência, respeito e sorriso amistoso. Madre Theresa costumava dizer que a paz começa com um sorriso. Chineses dizem que, se você quer abrir uma loja, deve aprender a sorrir. Os autoritários gostam de ser saudados com reverências, sentir-se fortes, sentir que sabem tudo. Faça uso de metáforas: leve-os, por dedução, a alcançar a sua conclusão: nunca diga o que deve ser feito. Use histórias que os façam vir em sua direção, sem forçá-los. Para atrair as mulheres que gostam de poder e dinheiro, não é muito difícil: promova um encontro e ofereça champanhe Dom Perignon, convide-as para uma festa de celebridades para poucos e cite nomes. Quem busca ouro vai gostar disso. O autoritário é tipicamente filho de um pai importante, é neo-aristocrata, *nouveau riche*, quer aparecer, é clichê e excessivamente dominante – não tem respeito pelos que gravitam em torno dele. Ninguém realmente gosta deles. Acredita-se que devem ser mandões. Interessante foi ouvir de juízes e generais, nos meus treinamentos, que eles amam a negociação justamente porque, no mundo de hoje, a autoridade não basta, as pessoas podem desobedecer, sentirem-se desmotivadas, contestar, portanto, o melhor caminho é tomar decisões por processo de participação horizontal do que de cima para baixo. É importante salientar se queremos ter conosco pessoas que valorizam outros elementos, e não somente dominação, coerção e dinheiro. É preciso que haja relações estabelecidas em complementaridade. Por que os autoritários buscam fama, glória e reconhecimento a qualquer preço? Estudos afirmam que a agressividade nasce quando somos bebês por falta de cuidados e ausência de sentimentos calorosos. A Newgociação do século XXI não permite a mesma ética e elegância moral, pois estamos entrando no fim do poder, como Moisés Naim sugere.

A *Governança Inteligente para o Século XXI*, de Nicolas Berggruen, retrata um mecanismo de decisão mais eficiente que o poder de uma direção executiva. A Newgociação e a relação entre homens e mulheres evoluiu a partir da moral religiosa, dos instintos de violência pré-históricos, para uma galanteria romântica dos jogos de poder e dinheiro. No entanto, o Talibã obriga o uso de *burkas* pelas mulheres em nome de uma tradição cultural conservadora para justificar a manutenção de poder, proibindo moças de frequentar a escola para garantir que elas sejam escravas dos homens por gerações e gerações. Na Arábia Saudita a mulher é proibida de circular livremente e de dirigir automóveis.

O fim do poder e das práticas bárbaras é uma evolução para as mulheres, que cada vez mais ocupam espaço no mercado de trabalho. Este, por sua vez, passou a ser dividido com elas. Inclusive, isso existe desde a origem dos tempos, nas tribos pré-históricas, quando a sociedade foi organizada por tarefas e quem devia fazê-las. A humanidade não está caminhando para o obscurantismo. Esse estado repetiria um status quo que obrigaria as mulheres a permanecerem prisioneiras em suas próprias casas.

Observo que o extremismo religioso, tanto muçulmano, cristão, judaico, budista, quanto outro, tem colocado as pessoas em espécies de mosteiros, em seitas fechadas, em rotinas e práticas rígidas ou em comunidades isoladas que não poderão sobreviver por muito tempo, já que a humanidade está, cada vez mais, trabalhando em rede, unida para preparar a realização de um novo desafio: a preservação da vida na Terra.

O autoritário é conservador a ponto de amar as tradições, coisas antigas, pinturas e objetos. Sente prazer em mostrar relógios, Ferrari, marcas, impressionar as pessoas com uniformes, medalhas, títulos, nomes de família de prestígio. E se gaba ao mostrar troféus de campeão, dizendo que ele é o melhor; é arrogante, convencido e autoconfiante. Em um encontro com um autoritário, você saberá qual é o tipo de música que ele gosta, e isto, o gosto musical, diz muito sobre uma determinada pessoa.

Os autoritários, ou estrelas, cujo ego é enorme, gostam de comprar pessoas de forma que possam ser governadores ou reis de suas vidas. Odeiam ouvir a palavra “não”. Os pais, ou o dinheiro, puderam lhes dar tudo o que quiseram, então negociam como crianças mimadas, “filhinhos do papai”, “filhinhas doçuras do papai”.

No entanto, é fato que, em todo o mundo, o trabalho dos advogados está evoluindo. Nos EUA, 935 conflitos civis foram resolvidos por meio de acordos, e o papel dos advogados tem sido o de promover acordos entre as partes, sem a intervenção de um juiz. Em países como o Brasil, a associação dos juízes exprime que 80% dos conflitos de trabalho poderiam ser resolvidos no local de trabalho, longe dos tribunais. Essa profissão está caminhando para o desenvolvimento de uma advocacia preventiva e de gestão de riscos, prevenir em vez de curar. Há, sim, uma nova mentalidade no modo de negociar, com menos lutas e mais prevenção de conflitos. No mundo de hoje, aflora uma elegância moral e ética que rapidamente ganha vantagens competitivas sobre comportamentos que corrompem pessoas com dinheiro e truques sujos para seduzir ou obter relações sexuais. Clientes são enganados com falsas propostas, mulheres são decepcionadas com mentiras por aqueles que não assumem seus compromissos.

No mundo atual, a religião, a psicologia e a fisiologia/biologia ocupam uma posição de destaque ao promover a arte da felicidade. O autor Martin Seligman, em *The Art* of *Happiness,* indica como construir um ambiente e relações interpessoais felizes. Há também um importante trabalho da Harvard Program on Negotiation sobre o mapeamento das emoções para entender como lidar com a cultura, sentimentos e com a identidade. Todas as estrelas da negociação trabalham no sentido de evitar relacionamentos tóxicos, como Daniel Goleman e o mestre Francisco Varela chamaram no *Negociando com as Emoções Destrutivas – os Relacionamentos Baseados no Medo e na Repugnância.*

Quando os autoritários disparam a sua ganância, criam um excesso de desejos, inventam necessidades que não existem. Sempre haverá espaço para encontrar um arranjo fácil, um dinheiro fácil, um privilégio fácil, o que lhes traz uma sensação de conforto e paz. No entanto, a mentalidade dos líderes autoritários está se tornando arcaica, funcionando cada vez menos nas economias modernas desenvolvidas.

Alguns dizem que os autoritários são imaturos, que têm a inocente doença que, segundo Pascal Brukner, consiste em individualismo, em querer escapar das consequências de seus atos. Trata-se de uma tentativa de regozijar-se com os benefícios da liberdade sem sofrer o inconveniente das consequências. De um lado é um jeito infantil; de outro, é a vitimização – ambos representam maneiras de fugir da dificuldade de enfrentar negociações. São duas táticas usadas pelos autoritários para ter uma irresponsabilidade feliz. Os autoritários têm vontade de chorar ou de ter algum objeto, senão elegem um bode expiatório. Por terem sido descuidados e sem sofrimento na infância, levando uma vida em um casulo, uma juventude com ignorância culminará em uma imaturidade eternal, um Peter Pan, um skate e uma tatuagem em um adulto sempre juvenil. A segunda maneira é como o angelismo do visionário, a ausência de culpa, a incapacidade de prejudicar e encarnar o autoproclamado mártir.

3.2 O Estilo Controlador

O controlador é um perfil de negociador que não tem poder, mas adora controlar e odeia a insegurança. Como essa pessoa sente medo, usará todos os elementos padronizados/normas e suporte legal como fontes para sentir confiança. A virtude das pessoas que têm um sentimento de incerteza e dúvida é o seu olhar para a ciência, para a realidade e para os fatos. Não é um sonhador nem romântico, lida com dados concretos, quer métricas, metas e medidas. Ama a justiça, as organizações práticas e rotinas que não deixam dúvidas. Para seduzir e ser atraente para um controlador, você tem que ser realista, responsável, lógico e comprometido. Responsabilidade e maturidade são as habilidades preferidas de um controlador. Como o medo faz parte do seu contexto, em uma aproximação é preciso mostrar seu histórico pessoal, diplomas, estabilidade, uma boa posição de trabalho, mostrar constância, que segue horas regulares de trabalho e não é um baladeiro. Homens e mulheres controladores não gostam de pessoas que parecem um elétron livre, sempre em fuga, e de quem trabalha com mobilidade. Esta última é amedrontadora para ele/ela e representa o risco de ser abandonado/a ou traído/a. Se você quer transmitir sentimentos de confiança e serenidade a um controlador, mostre que tem raízes, ama a tradição, ama a família, que precisa de alguém com quem contar.

Os controladores não buscam momentos agradáveis, precisam de um agente de segurança, de banqueiro, provedor, e critérios seguros que comprovem que o outro é uma boa pessoa. Eles investigam sobre você no Google, querem saber se você tem os mesmos amigos, se você é uma pessoa com moral ilibada, um *gentleman*. Não haverá chance alguma de ir para a cama com pessoas de perfil controlador se você não provar que está em perfeita saúde mental e não tem nenhuma doença. Por sua natureza, os controladores buscam a pureza, transparência, integridade. Abra o seu coração, é o que eles precisam. Como sentem medo, tendem a ser agressivos, frios com pessoas que não conhecem. Dificilmente falam com estranhos em um bar. Não apreciam a proximidade física, nem movimentos bruscos, e gostam de distância. Eles apreciam viver conforme um manual de coisas certas. Assim, para um controlador relaxar, serão essenciais normas, prazos e contexto. Como em uma pescaria, você terá que ter paciência, esperar pelo momento certo, colocando a isca em frente ao seus olhos e esperar o momento tentador quando o peixe estiver com fome, ou então, o momento certo de caçar. Qualquer negociação com controladores é um jogo duro, você vence pela perseverança e adaptabilidade na espera do melhor tempo e contexto. É como ter que lidar com um juiz que vai questionar se tudo o que você diz está em conformidade com a lei, ou diante de um empregador com seu currículo e informações em mãos, dizendo ter verificado a veracidade dos dados.

O controlador está sempre envolvido com números, dados, estatísticas, porque precisa da exatidão. Como Michael Wheeler mencionou em *What's Fair*, o desafio nem sempre é a igualdade, mas a busca da justa repartição do valor.

O controlador gosta de pessoas que podem prometer, comprometer-se, que tenham senso de dever, tenham palavra, uma moral que provavelmente seduzirá uma mulher que colocar em dúvida a sua fidelidade. Gostam que você divulgue seus melhores resultados, sua história, pois o passado tende a afetar a decisão de um controlador. A linguagem do controlador é honra, senso de dever, integridade, sinceridade, boa-fé, moral, patriotismo, igualdade, comprometimento, praticidade, racional, objetivo, passo a passo, vamos ver uma coisa de cada vez. Seu olhar tem que ser límpido, com sobriedade, transparente, honesto, nada a esconder, olhar naturalmente. O presidente Hollande fez sua campanha presidencial dizendo que seria um presidente normal, não como qualquer francês. Era diferente de Sarkozy, que passou pela presidência como uma apresentação de show *de jet set* autoritário, um Napoleão apaixonado, um homem com celebridades e top models, um homem à procura de distinção, prestígio diferente, e com vontade de estar acima da maioria das pessoas.

No trabalho, a maioria dos homens tendem a ter medo de falar com as mulheres, temem ser acusados de assédio sexual, temem que sua gentileza possa ser mal interpretada por elas. Em uma pesquisa apresentada pela *Época*, 79% dos homens se sentem mais cuidadosos quando trata-se de avaliar o trabalho de uma mulher. Eles temem ofendê-las, coisa que não os preocupa quando avaliam os homens. Entre as mulheres, 82% dizem que preferem que os homens sejam diretos se as críticas forem negativas. Isso prova que há uma lacuna de expectativas, e que os homens não estão tão preocupados com franqueza, um valor que poderia realmente ajudar nas relações dos homens com as mulheres quando são parceiros de trabalho. Jack Welch escreveu, em seu livro *Winning*, que ele criou uma cultura corporativa, a da franqueza, na General Electric, e que isso contribuiu muito para a produtividade e para as relações entre colegas de trabalho. Deve sempre ser dito, em um feedback, que trabalho e relações devem andar separados. O feedback, expressão de neutralidade, deve expressar dados e fatos do trabalho; não se trata de culpar e julgar, mas de ser amigável o suficiente, de forma que a verdade seja dita. Controladores gostam de criar padrões, normas, uniformes, rotinas, parâmetros, tudo isso para serem mais eficientes em dar feedback se comparados aos autoritários. Estes últimos mostram superioridade, humilham, são sarcásticos, fazem uso de truques sujos e assédio/pressão.

A cultura da Newgociação é um núcleo da pacificação e da relação justa entre homens e mulheres. Ao contrário do que Gray diz sobre homens e mulheres como Marte e Vênus, a antropóloga Françoise Héritier, do Collège de France, diz que não há diferenças universais e biológicas entre homens e mulheres, e que se trata de elaborações culturais. O objetivo da negociação é transformar o modo de ser, sentimentos, rotinas, valores. A cultura machista pode tornar-se arcaica ao surgirem novas práticas e modos de vida. Não é a fisiologia, mas sim os impactos causados pelo contexto e pela cultura dos comportamentos. Observando mulheres líderes que estão além da questão de gênero, como Dilma, Angela Merkel, Hillary Clinton, Benazir Bhutho, vemos que elas têm semelhanças biológicas. Pela cultura discriminatória, são mulheres consideradas estranhas em sociedades machistas.

De acordo com uma pesquisa realizada pela McKinsey sobre a importância feminina na América Latina, nas empresas em que há uma ou mais mulheres em níveis executivos de Diretoria, a sua rentabilidade é 47% maior do que nas empresas com elevado desequilíbrio em homens e mulheres entre as posições. Essa pesquisa, realizada nos países que seguem, Argentina, Brasil, Chile, Colômbia, México e Peru, comprova que, na busca pela igualdade, a resolução de conflitos é uma boa negociação. É interessante observar as percepções: 79% dos homens sentem que são valorizados/reconhecidos em sua vida profissional, e até 48% das mulheres sentem o mesmo. A questão principal é que a mulher não tem o mesmo interesse que os homens na forma de se sentire considerada e valorizada.

A inteligência de gênero é, precisamente, o desafio da Newgociação, fazer com que as mulheres não se sintam um estereótipo, mas sim especiais e múltiplas.

Em geral, as mulheres preferem o reconhecimento por serem excelentes parceiras de equipe; já os homens preferem ser vistos como grandes líderes. Elas preferem a valorização e o reconhecimento público, enquanto eles preferem receber gratificação com ações da companhia. Segundo uma pesquisa da revista *Época*, uma possível solução seria evidenciar que os homens sentem-se considerados quando o resultado do seu trabalho é reconhecido e valorizado. Já para as mulheres, é muito mais importante participar de todas as decisões e serem valorizadas pelo seu engajamento durante todo o processo, passo a passo. Eles miram o gol e a mulher, o caminho. Talvez o alinhamento de valores e interesses possam ajudar a mulher a se sentir mais motivada e feliz para lidar com os homens no trabalho, e provavelmente assim em família.

Enquanto as mulheres são mais focadas nas habilidades de comunicação, usando muito mais palavras para atingir um ponto e expressar muito mais sentimentos, os homens tendem a usar menos palavras e expressar menos sentimentos.

As mulheres têm mais facilidade para pensar um problema e compartilhar um processo de aprendizagem, pois usam a conversação. Já os homens pensam em um problema privadamente, isolados em seu iglu, e só tendem a expressar a solução como linha de fundo. As mulheres têm mais facilidade para dar feedback com tato, com cuidado e sensibilidade, levando em conta o sentimento da outra pessoa, enquanto os homens dão feedback mais direto, com franqueza, sem a intenção de atingir o lado pessoal. No entanto, ao contrário do que diz William Ury, separar pessoas de problemas é impossível, pois as empresas são formadas por pessoas!

Controladores que gostam de lógica, objetividade, processos e análises ficarão confusos com mulheres que são mais holísticas, que mudam de assunto no meio de uma conversa, voltando ao tema depois. De acordo com a teoria da fonoaudióloga Lillian Glass, autora de *He Says, She Says: Closing the Gap Between the Sexes*, vemos que, nos estilos de negociação de homens e mulheres, muitas vezes há diferenças quando estas têm maior tendência em falar sobre relacionamentos, enquanto aqueles são mais descritivos sobre para onde vão e o que vão fazer. Entre as mulheres aparece maior tendência em ter rejeição verbal pessoal do que homens. Parece que um controlador não poderá ser um auxiliar como visionário ou facilitador, pois ficará mais à vontade lidando com homens do que com mulheres, já que as mulheres são mais suscetíveis do que os homens se tiverem que pedir ajuda, em vez de resolver as coisas por conta própria. Homens parecem ser mais ou menos intuitivos, menos cientes dos detalhes do que as mulheres.

Um controlador é um detalhista excepcional, então as mulheres estarão mais propensas a um ótimo entendimento com um controlador que seja detalhista e goste de precisão. Um controlador terá dificuldades em lidar com mulheres que têm uma abordagem mais emocional quanto à resolução de problemas. No entanto, se uma mulher for controladora ou um homem controlador, poderão desenvolver confiança por meio de sentimentos ou de fatos, e há toda uma nova maneira de construir a confiança rapidamente, uma confiança inteligente na negociação. Stephen Covey e Greg Link falam sobre *Confiança Inteligente*. Por não existirem provas ou dados que atestem que podemos confiar em alguém, podemos, de qualquer forma, apostar na confiança.

Para um controlador, arriscar em apostas é difícil, já que é avesso a correr riscos. No entanto, essa poderia ser uma importante maneira de mudar seus hábitos. Os controladores amam procedimentos, odeiam fraudes e insegurança e são os primeiros a ter um vocabulário sobre salvação, legalidade, proteção e risco. São campeões de expectativas, antecipação e gestão de risco, porque estão focados em riscos. O problema de pessoas com esta mentalidade é que não confiam em ninguém. O Prêmio Nobel de Economia, Kenneth Arrow, publicou um livro com nosso time da FGV, Stanford, MIT e Harvard no Brasil, e disse que podemos afirmar, de forma pertinente, que a maior parte do atraso econômico no mundo pode ser explicada pela falta de confiança mútua. Entendemos que controladores são lentos para confiar, são cautelosos e preferem proteger-se do que se abrir. As economias que são protecionistas, que reduzem suas trocas, tornam-se mais pobres no longo prazo. Se a confiança aumenta, aumenta também a velocidade para fechar uma negociação, e menor será o custo operacional. Tudo indica que a confiança diminui o custo operacional e aumenta a produção.

Aqueles que vivem e trabalham com controladores acabam sentindo-se prisioneiros, vivendo em meio a um baixo campo energético. Os controladores amedrontam as pessoas, falam sobre perigos e catástrofes se você viver ou fizer qualquer movimento, não são nada simpáticos e monitoram tudo. São muito estressantes e sair com eles não é nada divertido.

É importante criar um caminho de vida que preze pela confiança, uma cultura da confiança integrando precaução e gestão de riscos. É o que a IBM fez em 2003, quando criou o *Newgociação Ring*, com 319.000 funcionários participando da *values jam*. Ao final, os colaboradores definiram uma visão comum, os valores comuns, em numa votação que considerava os três mais desejados valores. O mais votado foi "Confiança e Responsabilidade Pessoal em Todos os Relacionamentos".

Yunus, Prêmio Nobel de Economia, menciona também como a economia baseia-se na confiança. Ele acredita na capacidade de homens e mulheres viverem na pobreza com o microcrédito. Quando a sociedade e os grandes bancos não permitiram acesso ao capital aos mais pobres, em Bangladesh, ele apostou e estava certo.

Estudos recentes provam que tanto homens como mulheres procuram dormir com alguém para reduzir o cortisol, a ansiedade e estresse. Dr. Troxel escreveu: "Enquanto a ciência está nos estágios iniciais, uma hipótese sugere que, para promover sentimentos de segurança e proteção, dormir ao lado de alguém ajuda a diminuir o cortisol, o hormônio do estresse, talvez porque incentive sentimentos de proteção e segurança. O sono compartilhado em relacionamentos saudáveis pode diminuir os níveis de cortisol, um hormônio do estresse. Compartilhar uma cama pode, também, reduzir citocinas, proteínas corresponsáveis por doenças cardíacas, depressão e doenças autoimunes, aumentando a ocitocina, o chamado hormônio do amor, que é conhecido por aliviar a ansiedade, sendo produzido na mesma parte do cérebro responsável pelo ciclo sono-vigília".

O professor António Damásio disse que a emoção é o que podemos ver, mas os sentimentos não, por serem mais íntimos, secretos e verdadeiros. É precisamente por causa da natureza dos sentimentos que é difícil fazer uma leitura precisa de como as negociações acontecem, o que as pessoas dizem e o que realmente pensam. Seria como um ator que interpreta a tristeza chorando, mas não sente, de fato, tristeza no seu interior. O negociador que produz mais cortisol, estando em um ambiente/contexto estressante, estará em busca de sua serenidade, restaurando a sua confiança e sentimentos de segurança.

Tudo o que você precisa para ter uma boa Newgociação com um controlador está sendo preparado. Uma negociação será vencida ou perdida devido à qualidade dela, ou antes mesmo de você sentar-se à mesa de negociação. Com um controlador, você precisa ter à disposição todo tipo de documentação, referências, *compliance*, leis, certificados, tudo que prova objetividade e legitimidade. Um controlador somente crê no que vê, não se interessa por novos projetos, nem novos sonhos.

Em conversa com Nicolau Chacur, que foi diretor do Itaú, um dos mais importantes executivos das Américas, que durante oito meses foi diretor executivo do Eike Batista, a sétima pessoa mais rica do mundo em 2012 – muitos pensavam que, em 2017, ele seria o homem mais rico do mundo –, ele disse que Eike tinha uma cultura corporativa na sua empresa que proibia os executivos de dar más notícias, tudo em função de transmitir uma boa energia. Eles deveriam dizer: "Está tudo ótimo", com entusiasmo e fé no futuro. Dessa forma, as más notícia não chegavam. Nicolau era o único prudente e economizador com sobriedade. Sua visão era diferente da direção de Eike, que quis continuar na mesma direção, aquela do "está tudo bem", "estamos muito bem". Ele inicou uma nova negociação com a Apple, e outra para o festival de música *Rock in Rio*, construiu um hotel de luxo, investiu na indústria naval, construiu um porto, uma nova plataforma de petróleo e comprou minas. Nicolau lhe disse: "Vá devagar, um passo de cada vez", e a resposta foi: "Temos que ser rápidos. Então, Eike e Nicolau romperam e decidiram, mutuamente, encerrar a parceria. Um ano depois, Eike declarou falência e disse aos seus gerentes da EBX que Nicolau estava certo, pois havia previsto o naufrágio.

Pedimos também a grupos para usarem um vocabulário limitado com um grupo de compradores, enquanto outro, de vendedores, não poderia usar gíria ou palavras agressivas. Este último teve 40% menos chances de fechar um negócio. Profissões deste estilo são: investigadore, juiz e contador, farmacêutico, engenheiro, segurança, monitor, supervisor, agente do serviço secreto, analista financeiro, jornalista. São extremamente ansiosos por natureza, têm a habilidade de sentir cheiros, ouvir com cuidado, analisar cada coisa. Sua maneira de pensar (32%) não faz parte dos 3% da população, que é visionária, nem dos empreendedores, que são 15% da população; os 34% são facilitadores e os autoritários são os 16% restantes.

Você pode reconhecer um controlador tanto homem como mulher ao vê-lo agindo passo a passo, pedindo a você para ir com tempo, devagar. Eles conversam por um tempo pelo Facebook, em seguida, dão o número de telefone para conversar por WhatAapp e aí, então, aceitam marcar um primeiro encontro. Sendo lentos, você pode observar como se conectam no Facebook. Amam a rotina, a repetição de tarefas lhes da paz. Amam imitar os outros, ser o centro das coisas.

Uma mulher ou um homem controlador quer que o tempo seja o comprovante de ser alvo de interesse, de prova de amor, de promessa de compromisso em uma relação sólida e sustentável, e com documentos, acordo assinado, objeto de reconhecimento social como status, um anel de diamante, o status de aparecer num relacionamento sério no Facebook. Gostam de clareza, transparência, encontrar soluções para mistérios. Buscam a confiança e a verdade. Para seduzir controladores é preciso ser confiável, consistente e adequado. Eles gostam de acompanhar as tendências e opiniões de gurus, tudo para reduzir a incerteza e o risco de perder ou cometer um erro.

Os agentes do FBI usam cães para cheirar os hormônios da mentira, e treinam seus funcionários para ler a expressão das pessoas quando são interrogadas, uma maneira de detectar qualquer possibilidade de mentira ou erro cometido. Assim podemos ver o controlador como uma pessoa da legalidade, gostam de uniformes, padrões, normas, rotinas, regras, transparência, objetividade, racionalidade, não gostam de sentimentalismo, são práticos. É fácil reconhecer um controlador pela forma como se veste: muito formal, convencional; pela forma como fala, com o uso de certas expressões típicas, além de falarem do passado para justificar o presente. O controlador é mais “quando” e “o que”.

3.3 O Estilo Facilitador

Esse estilo de negociador é o que mais se aproxima naturalmente dos critérios da newgociação. Trata-se de uma pedra já lapidada, que necessita de poucos ajustes para vestir as roupas do newgociador. Ele, ou ela, confia nas pessoas, é humanista, tenta ajudar, reunir e integrar. Aceita a diferença, concilia as diferentes pessoas na empresa e na família. Ele/ela vai produzir mais o hormonio estrogênio. Ele/ela sempre vai se acomodar, cooperar, flexibilizar, é como um arranjador de banda de música que vai equalizar o trompete do departamento jurídico com o piano do departamento de marketing e com o baixo do departamento financeiro. Seu pensamento funciona em rede e sua liderança é com comunicação, pensamento sistêmico e valor de grupo.

Os facilitadores não gostam de hierarquias; a nova geração da internet não aceita ordens e gosta de trocar, cooperar, dar uma contribuição do seu tempo na Wikipédia, ouvir o mundo, e são, em geral, externos às fronteiras de categorias e de regras. São seduzidos por uma conversa aberta, transparente. São líderes que gostam de gestão de equipe, que gostam de treinar pessoas, valorizá-las, além de prezarem pela lealdade. O que os estimula é o desafio intelectual, a conversa, a aprendizagem. Desfrutam do prazer do debate, gostam de desafiar ideias e não se importam em mudar de opinião. É a forma mais agradável de negociar com outra pessoa. A discordância não é considerada como uma fonte de conflito, mas, sim, uma oportunidade de rever e atualizar as crenças, buscar a verdade, a boa-fé, sem autoenganação. O facilitador pensa como nós e não como um controlador ou um autoritário egoísta. O facilitador é um doador, sem ego forte, mas com um ego que gosta de dar crédito ao outro. Eles gostam de decisões democráticas e compartilham responsabilidades. São treinadores que ouvem e identificam os pontos fortes e fracos dos parceiros ou dos companheiros de equipe. Gostam de colocar as pessoas no alto, no centro das atenções, de elogiá-las, e preferem o longo do que o curto prazo.

Valorizam a integração, sendo gentis, diplomáticos. Não ferem. Cuidam para que os relacionamentos sejam pacíficos, evitando conflitos. Não vão procurar pessoas agressivas, e sim companheiros, parceiros cooperativos, tanto para a equipe de trabalho quanto para a família. São altruístas, tanto que se uma pessoa quiser compartilhar, o tempo não será problema. Eles criam e constroem moléculas, reunindo, assim, cada vez mais pessoas em seu grupo. Quanto ao hormônio, o estrogênio é o hormônio do cuidado, da mansidão, suavidade, integração.

Uma curiosidade: o serviço secreto da Inglaterra pensou, na época, em matar Hitler, mas seus erros táticos fizeram prever a vitória, ainda que se tenha cogitado colocar estrogênio em pó no seu café todos os dias para que ele produzisse menos testosterona e menos cortisol, com o objetivo de que, com menos medo e agressividade, ele faria mais erros e seria menos combativo, mais propenso a deixá-los passar e seguir, *ser Zen*!

Assim como a psicologia e a religião podem influenciar o comportamento do negociador, o contexto e o tempo podem, naturalmente, afetar o comportamento, criar mais cortisol na parte da manhã, logo, é melhor não negociar entre as oito e dez horas da manhã – de acordo com algumas pesquisas, produzimos mais cortisol quando acordamos. Os biólogos e antropólogos, como Helen Fisher, descobriram porque amamos: o hormônio do amor, a ocitocina, é produzido pelo organismo do ser humano e quando a mulher dá à luz. É criado um sentimento de pertencimento, um vínculo, uma droga do amor, de carinho, empatia, confiança, pensamento de longo prazo. Em um laboratório de negociação, colocando doses de ocitocina no organismo dos negociadores em negociação de vendas, seu comportamento tornou-se generoso, com abordagem de ganhos mútuos, empático. Controladores com medo, autoritários e egoístas tornaram-se agradáveis filantrópicos, cooperativos, confiantes e entusiastas.

Ensinar Newgociação é sobre a biologia e também sobre a cultura das mentalidades de bondade e de ver o outro como um paraíso, e não como Jean-Paul Sartre disse: "O outro é o inferno".

A mentalidade do facilitador é totalmente voltada às redes sociais, à integração, bondade, tato, diplomacia, humor e colaboração. Prefere dizer "nós" do que "eu". O autoritário dominador dirá: "Hoje à noite vou jantar fora, gostaria de convidá-lo(a)". Já o facilitador dirá: "Vamos jantar juntos esta noite. Eu posso ir buscá-lo(a)", e o controlador medroso dirá: "Que tal um jantar hoje à noite? Você tem outros planos?".

O facilitador gosta do processo participativo, de ter presença em conselhos, fazer reuniões familiares. Gosta de se comunicar, compartilhar informações, aprender com os outros. O facilitador aprecia religiões, ter vínculos, apresentar pessoas e criar adesão. Como um trabalhador do conhecimento, o falilitador é indulgente pedagogicamente com os outros, nunca em tom de punição ou em estilo professoral arrogante, e sim, como *coach*, um sábio humilde, que gosta de colocar as pessoas no topo.

Os primeiros anos de vida são muito importantes. O bebê cresce e seu cérebro límbico e o neocórtex se desenvolverão bem se houver sentimentos de carinho, de coração quente. O bebê procura contatos, que o toquem com suavidade, o acariciando. Os donos de mentes inteligentes e flexíveis são os únicos que tiveram pais atenciosos e que cuidaram deles com amor.

A Harvard Business Review de maio de 2013 diz que as empresas mais rentáveis são aquelas que demonstram, em suas atitudes, extremo cuidado com o funcionário, sendo amáveis com eles e com os consumidores. A companhia aérea Delta Airlines é um bom exemplo do que acabamos de dizer. Trabalharam em todos os dados operacionais, 99% das bagagens eram entregues com sucesso, a avaliação da pontualidade e de acidentes era boa, mas apesar de todos esses pontos a favor e custos mais baixos, esqueceram da maior qualidade: o relacionamento. Tiveram que adquirir a Virgin Airlines para aprender o que é amabilidade, a arte de amar o que se faz, amar os passageiros e sua equipe. A Virgin Airlines foi eleita a nº 1 no Atlantic for Business Class Service porque os funcionários vão além do que se espera deles quanto aos procedimentos exigidos. Por exemplo, vendo que você está com frio, eles lhe trarão um cobertor antes mesmo que você peça. Se você tiver algum problema, antecipam-se e lhe entregam um guardanapo, um lenço. São gentis porque se importam com as pessoas, estão ali para facilitar a sua vida, prestar um excelente serviço de atendimento, além de sentirem prazer ao fazer as pessoas felizes.

Um facilitador se faz por conselhos e feedbacks. Uma facilitadora não busca um homem submisso, assim como o facilitador não deseja uma boneca tipo Barbie, que ele possa dominar. Eles buscam parceiros inteligentes, um educador, uma mente brilhante e que seja muito melhor do que eles. Não são destrutivos por inveja de quem é melhor do que eles, mas usam a inveja como fonte de estímulo para competir em busca de um melhor nível. Para seduzir um facilitador, são necessárias virtudes como a humildade, a generosidade, a capacidade de estimular a sua intelectualidade. Você tem que ser apenas uma pessoa sensata, romântica e amigável; dessa forma, permanecerá nessa relação por um longo tempo. Uma facilitadora se interessa por pessoas generosas, empáticas e inteligentes. Ambos, facilitador e facilitadora, se sentirão frustrados por controladores com espírito lento, tipo "peixe frio", pessoas que não confiam em ninguém, e se sentirão controlados enquanto olham a liberdade e o movimento. Odeiam o macho dominador ou a mulher autoritária castradora. Amam cantar o amor livremente. Se estiverem presos em gaiolas, subjugados ou sendo controlados, desligam-se e cortam os laços.

O controlador se interessará pelo que você representa. O autoritário, pelo que você possui, e o facilitador, pela pessoa que você é.

Os facilitadores prestam serviços como dentista, governanta, gerente de comunidade de internet, dentista, enfermeira, administrador de comunidade online, gostam de esportes coletivos, sendo capitães de times, além de terem muitos amigos no Facebook. Acreditam, como o executivo do Google, Eric Schmitt, na nova era digital, quando as pessoas pensarão mais em forma sistêmica, coevolução e redes. A linguagem do facilitador não é sobre a resolução de conflitos, mas sobre a resolução de problemas. Eles não julgam ou avaliam, como os controladores, ou culpam e punem, como os autoritários. Preferem pensar em termos de coevolução e de responsabilidade conjunta.

Em todos os cursos de negociação que demos nos últimos dez anos para chineses, indianos, nigerianos, americanos, sauditas, iranianos, brasileiros, colombianos, espanhóis, noruegueses, isso se tornou claro. Atualmente, as pessoas estão mais voltadas para a cultura dos facilitadores, uma gestão horizontal, como um grupo de teatro, que coopera e promove reuniões para trocar ideias. O diretor será, então, mais que um especialista, será um sábio, dirigindo seus atores em um filme simpático. Os facilitadores são mais sobre o "como quê" "o porquê" e "o quê".

Os que mais gostaram dos nossos treinamentos de negociação nos últimos 12 anos foram generais e juízes. Uma vez, perguntei a um general por que era um fã da Newgociação, se ele escolheu uma profissão que demandava autoridade, alguém que estivesse no topo da pirâmide, comando e controlando, em uma organização vertical, chegando todo dia às 7h45, com seu motorista, recebido por um alinhamento de soldados cumprimentando-o com suas trompetas e tapete vermelho. Ele me respondeu que eu estava totalmente enganado, pois seu trabalho de general era precisamente para não ser autoritário, o que desgastaria a sua liderança. Quando há um projeto, ele consulta seu tenente-coronel, major, capitão, considerando todos os pontos de vista antes de tomar qualquer decisão. Ele seria mais como um receptor da inteligência coletiva, uma vez que todas as informações e opiniões, em sua plataforma, o tornam representante da decisão do grupo e responsável em assinar a decisão consensual. Uma juíza me respondeu o mesmo, quando lhe perguntei: "Por que você gosta do curso de negociação já que escolheu uma profissão para bater o martelo e decidir em nome dos outros, de forma coercitiva?". Ela me respondeu a mesma coisa, assim: "Você está equivocado, pois meu trabalho de juíza é exatamente ouvir as pessoas, uma abordagem pedagógica da aprendizagem mútua, uma vez que ouvindo e expondo minha ideia, faço com que as pessoas cheguem à conclusão do que é justo. Eu nunca poderia fazer um bom julgametno se não tivesse a compreensão e a aceitação das partes. Se eu não fizer esse processo participativo, apenas julgar de forma categórica e imperativa, vou enfrentar muitos problemas. Um deles é que as pessoas podem contestar a minha decisão e ir para o tribunal de recursos, e então todos os meus dois anos de trabalho não terão servido para nada. Em segundo lugar, eu não vou dormir bem à noite se uma das partes alegar que não foi uma decisão justa, pois vou me sentir culpada. Em terceiro lugar, se uma das partes sentir que q decisão não é justa, pode fazer justiça pelas próprias mãos e o conflito pode prosseguir após a tribunal, levando à violência. Finalmente, se eu não puder fazer um acordo, minha reputação, meu respeito e minha liderança podem ser contestados".

O presidente do Banco Central Europeu, Jean-Claude Trichet, disse que entramos na era da transparência, os líderes devem mostrar ética, respeito e informação aberta para não arriscar a desconfiança, a contestação e informações incompletas. Mitt Romney mencionou que, quando era governador de Massachusetts, havia um projeto de transporte que foi aprovado por todos os membros de seu gabinete. Mitt falou: isso não vai me fazer assinar, ser responsável por este projeto, quero alguém que é contra ele e vai debater estas ideias. Pode ser uma dona de casa, pode ser qualquer um, mas quero ter uma fonte de integração da diversidade para tomar a melhor decisão, com todas as chances de implementações.

Muitos líderes, no entanto, querem aprovar uma lei, um decreto e assim basta. Se as pessoas não participam, não entendem, não contribuem, certamente estarão mais propensas a não aceitar ou não usar o que foi resolvido. Mitt Romney havia entendido que uma boa liderança e uma governança moderna representam o triângulo entre meritocracia/expertise/tecnocratas, executivo/votado, um representante da autoridade e da consulta.

Trabalhamos, no Brasil, com a Presidência da República sobre os impostos, previdência e negociações da reforma trabalhista com a sociedade civil. O presidente Lula havia selecionado 60 conselheiros de ONGs, sindicatos, CEOs, acadêmicos, líderes religiosos, de associações profissionais. Essa cultura de integração participativa com o líder político e especialistas neutros foi uma experiência muito interessante de governança moderna, do líder facilitador. Eu li em um jornal da época, *O Globo*, que 70% dos brasileiros acreditavam em Jesus e 80% acreditavam em Lula, então "ele é o homem!" Nenhum presidente, de qualquer país do mundo, após quatro ou oito anos no poder tinha essa taxa de popularidade e adesão: 30% para Sarkozy, 40% para Angela Merkel e menos de 50% para Obama. O que poderiam os líderes mundiais aprender com a popularidade de Lula?

O presidente da Telebras, Rogério Santana, disse que, quando houve uma reunião com o ministro da Educação, um ministro de Tecnologia, CEO da Telebras e algumas empresas, como a Embratel, telecomunicações do mexicano Carlos Slim, poderia ter havido algumas dissonâncias, diferenças de opinião e impasses. Alguns podem até dizer que é ser um facilitador desprezível, ou então um diplomata astuto, Lula não iria quebrar o debate e impor sua decisão. E disse às pessoas: “Eu sugiro que vocês se encontrem sem mim durante as próximas duas semanas. Quando voltarem com uma recomendação, que vocês vão apresentar e me explicar, aí então eu vou eventualmente assinar e trabalhar no seguimento”. Como ex-sindicalista, Lula havia entendido o valor da inteligência coletiva. Dar autonomia às pessoas para que elas possam criar seu próprio arranjo, trabalhando em espírito de colaboração e de equipe. Ver as diferenças como oportunidades de rever e atualizar as suas crenças, e os desafios como oportunidades e resolução de problemas, e não como conflitos. Com essa mentalidade, com essa cultura de facilitador, Lula foi capaz de deixar a presidência com um recorde mundial de popularidade.

Os diplomatas não querem desgastar a sua liderança impondo a sua decisão. Enquanto o autoritário sempre diz “eu”, o controlador sempre diz “talvez”, e o facilitador dirá “nós”.

O papel do facilitador é criar redes, circular informações para fazer um espaço dinâmico de interação entre usuários. Ser um facilitador é precisamente criar estruturas que deem autonomia às pessoas, interconectar, desenvolver projetos em conjunto, deixar as pessoas jogarem. As palavras-chave, para facilitadoressão é improvisar, aprender fazendo, compartilhar.

Kenneth Arrow, que ganhou o Prêmio Nobel de Economia enfocando o custo de transação, custos de coordenação, contribuiu na criação da consciência e do entendimento de que os novos mecanismos de negociação podem melhorar a forma como as pessoas interagem. O tempo, as distâncias e os contextos eram enormes complicadores de negociações. Pela primeira vez, na história, técnicas modernas fornecidas pela tecnologia nos proporcionam uma maneira de harmonizar. No Fórum Econômico Mundial IDM, o Professor Stephane Garelli me disse que 1/3 dos erros é da coordenação humana, 1/100. 000 são das máquinas. Reduzir erros, fricções nas transações, vai reduzir o volume de problemas que as pessoas transformam em conflitos.

As habilidades de um facilitador também são perfeitas para o cruzanmento de culturas no contexto das negociações. Por falar diferentes idiomas, conhecer a cultura local, o Newgotiator facilitador sinalizará se ele é um agente negociando em nome de terceiros. Um facilitador é, por natureza, uma pessoa que não faz estereótipos, cultivando a diferença como riqueza. Tolera opiniões diferentes, é um camaleão que se adapta, e tem uma forma múltipla de ser. Ficar à vontade com um designer como Karl Lagerfeld, que é muito rigoroso e autoritário, e outras vezes ser brincalhão, como Jean-Paul Gaultier. O facilitador pode adaptar a sua linguagem de acordo com a pessoa que encontra, ser formal ou informal, próximo ou distante, preciso ou holístico, de cima para baixo ou puxar para cima.

Fator de Negociação	Fatores Culturais
Objetivo da Negociação	Contrato ou Relacionamento?
Atitude no Processo de Negociação	Duas Partes Ganham ou Uma das Partes Ganha enquanto Outra Perde?
Postura no Processo de Negociação	Formal ou Informal?
Forma de Comunicação	Direta ou Indireta?
Senso de Tempo	Alto ou Baixo?
Emotividade	Alta ou Baixa?
Forma de Acordo	Geral ou Específico?
Processo de Concordância	Hierárquico ou da Base para o Topo?
Organização da Equipe	Um Líder ou Consenso?
Aversão ao Risco	Alta ou Baixa?

Salacuse 2006

De qualquer maneira, um Newgotiator acredita que cada indivíduo pode se diferenciar da sua comunidade para que possa evoluir, portanto, podemos aceitar seu modo de ser e acreditar que ele pode mudar ao interagir com outros. Newgociação é um processo de transformação, uma energia que quebra o núcleo duro dos estereótipos. É uma abordagem que tem, por crença, o mesmo que o reverendo Jesse Jackson disse: "A civilização não é ser da mesma pele, é sobre como nos importamos com cada um dos outros como se fossem, de fato, parentes". Na caminhada, é de John Fitzgerald Kennedy o seguinte pensamento: "Porque em última análise, os nossos vínculos básicos mais comuns é que todos nós habitamos o mesmo planeta, respiramos o mesmo ar , todos nós prezamos o futuro dos nossos filhos, e somos todos mortais".

Da mesma forma, é verdade que uma gafe, uma palavra chocante ou algo visto como inadequado pode arruinar qualquer negociação. Segundo Jean François Chanlat, é certo dizer que temos de ter uma compreensão cultural profunda das organizações e pessoas a fim de negociar corretamente. Coordenamos uma pesquisa com mais de 20.000 *trainees,* levando o nosso time pelo mundo, e aplicamos o mesmo jogo de simulação de negociação. Pedimos ao grupo que usasse expressões como: "Você é barato, você é incompetente". Apenas por terem usado essas duas frases, a probabilidade de fechar um negócio foi reduzida para 10%.

Se você irritar alguém tocando na sua caneta e fazendo o clique de liga/desliga, ou colocar a caneta a 10 centímetros da parte contrária, esse seu humor agressivo vai impactar, dramaticamente, suas chances de fazer um acordo. Um facilitador deve saber como evitar uma gafe, palavras desnecessárias e inadequadas, como controlar sua linguagem corporal a fim de não olhar de maneira agressiva. Você deve se lembrar do debate entre Al Gore e George W. Bush. O Gore chegou como um touro, em uma tourada, e sacudiu a mão de Bush como se estivessem prestes a disputar uma luta no UFC. O telespectador viu essa agressividade como inapropriada e Gore perdeu popularidade nesse debate. É fundamental, para o facilitador, parecer-se com um pacificador, uma cara legal, amigável, fácil de acompanhar, e não um ameaçador.

A gestão da diversidade, reduzindo a discriminação, está se tornando uma ferramenta útil para o facilitador no intuito de construir consensos da diversidade. As mulheres querem alcançar o consenso e consultam outros enquanto decidem. Os homens preferem ir direto para o final e escolher, sem consultar, de forma autoritária. Mulheres comunicam para construir relacionamentos e homens tendem a se comunicar para fornecer informações, resolver problemas e mostrar conhecimento técnico.

Falando sobre construção de consenso, lidando com personalidades fortes e caracteres diferentes, quando eu conheci o Bono, no aniversário de 80 anos de Quincy Jones com Michael Caine, o mordomo de Batman, Bono me lembrou que nós somos únicos, não somos os mesmos, então temos que aceitar as diferenças, desfrutar da riqueza da diversidade e ir além das fronteiras, aceitando que há diferenças, o alter ego. O prefeito de uma cidade tinha como rotina chamar diariamente um cidadão da sua cidade escolhido no livro de páginas brancas. Ele chamava e dizia: "Olá, eu sou seu prefeito, e só liguei para saber se você está feliz com a gestão da cidade, se você tiver qualquer reclamação ou algo a denunciar..." O cidadão normalmente dizia: "Eu estava no hospital e esperei duas horas para ser atendido". O prefeito então ligou para o hospital para falar com o responsável e, em seguida, chamou o cidadão para lhe dar uma explicação ou pedir desculpas. Ficou famoso na cidade como um prefeito que cuidava pessoalmente de cada um um de seus cidadãos, e sua reputação cresceu, tornando-se, praticamente, um padrinho da cidade. Foi eleito por mais de 30 anos como prefeito.

As companhias de seguros estudaram por que alguns médicos têm, por ano, dez processos judiciais por parte de seus pacientes, enquanto outros não têm nenhum, para o mesmo erro médico. Vamos supor que haja 10% de chances de complicações após uma cirurgia de apendicite de rotina; por que é que o médico A recebe dez ações judiciais de seus 100 pacientes se o médico B recebe apenas 10? As companhias de seguros sabem que uma compensação médica ou decisão no tribunal importa, em média, a R$ 1 milhão, em outras palavras, por que é que, para o mesmo erro, o médico A custa R$ 10 milhões, enquanto o médico B custará R$ zero. Por que ninguém vai processá-lo? Eles filmaram o doutor A em um relacionamento com os pacientes dele. Em um estado de negação, coloca a culpa no paciente, dizendo: "Você deveria ter me dito que tinha uma alergia". O paciente fica indignado, aborrecido e o processa. Com outro paciente, o médico A disse: "Isso acontece, você faz parte dos 10% de pessoas que têm complicações, em outras palavras, você é uma estatística e viverá com ela". Enfurecido, o paciente o processa. Para outro paciente, o médico A disse: "Isso não é mais minha responsabilidade, você tem que procurar o departamento jurídico do hospital para suas reivindicações". O paciente partiu para o litígio. Para comparação, eles filmaram o médico B, que dizia com empatia para um paciente: "Onde dói?" Seu foco estava em como ele poderia aliviar a dor. Com outro paciente, ele foi altruísta, dizendo que faria mais exames de graça, além de dar-lhe alguns medicamentos para ajudar no alívio da dor. Para outro paciente, ele reconheceu seu erro com boa-fé, como um cara legal, dizendo se arrepender. Pediu perdão, falando: "Eu sinto muito". Então, todos esses comportamentos, valores, modos de ser, salvam o médico B e seu seguro de muito tempo perdido de 10 milhões por ano.

As habilidades de um facilitador diplomático que se torna popular, um Ring, um unificador, são rentabilizadas rapidamente. Hotéis que são corteses, a Airlines, eleita a melhor classe executiva, o Doutor B: todos eles demonstram amor genuíno pelo que fazem, porque o seu cuidado está voltado para fazer as pessoas felizes e se sentindo bem.

Outro caso de como uma Newgociação pode obter crédito e ganhar fãs é o que aconteceu quando Yann foi convidado para visitar o porta-aviões USS Carl Ganhason, o mesmo onde o filme *Top Gun* foi produzido e o mesmo navio que recebeu o corpo de Bin Laden para ser enterrado no mar, em uma cerimônia religiosa respeitosa. O convite era para 600 convidados visitarem o navio das 19h até 23h, todos recebidos pelo comandante, almirante da USS Carl Ganhason. Após e durante a cerimônia, que foi um espetáculo, o almirante estava com seu uniforme branco impecável. Quando terminou, eu peguei o pequeno barco da Marinha, que me levaria de volta ao píer. A lotação do barco era de 60 pessoas, por isso o transporte dos convidados foi feito em dez viagens, das 23h até meia-noite. O próprio almirante, vestido de forma menos formal, acompanhava os convidados até o píer. Chegando lá, ele cumprimentava cada passageiro, dizendo: "Obrigado por ter vindo, foi um prazer tê-lo a bordo". Ele fez isso dez vezes para os 600 convidados naquela noite, o que é uma forma cortês e elegante, digna de um cavalheiro. Ele ganhou o nosso coração.

Isso é o que a diplomacia empresarial e a política devem prover para serem facilitadores qualificados. Olhem para Obama: uma das principais palavras que ele usa é "obrigado". Michelle Obama pronunciou um notável discurso na Convenção Democrata Presidencial, em que ela falou exatamente sobre a mentalidade do facilitador de Newgociação: "Nós aprendemos sobre a dignidade e decência, que a forma como você trabalha duro importa mais do que o quanto você ganha, que ajudar os outros significa mais do que apenas ficar à frente. Aprendemos sobre honestidade e integridade, questões verdadeiras, que você não corta caminho ou joga com seu próprio conjunto de regras... o sucesso não conta, a menos que você o conquiste de forma justa. Aprendemos sobre gratidão e humildade – que tanta gente tem uma mão no nosso sucesso, desde os professores que nos inspiraram até os zeladores, que mantiveram a nossa escola limpa, e nós fomos ensinados a valorizar a contribuição de todos e tratar todos com respeito".

3.4 O Estilo Empreendedor

O empreendedor considera o risco como uma chance de grande prêmio. Ele quer ser o primeiro, pois é como pode ganhar mais dinheiro. Como a empresa de capital de risco no Vale do Silício ou o comerciante de Wall Street, ele, por ser um otimista, pode negligenciar as chances de perda se for possível prever as chances de ganhos (Kahneman, Tversky, Seta, Mnookin, Ross, Duzert). Ele é movido pela paixão, pelo sonho, pelo desafio. Richard Branson, em seu livro *Acredite em Você e Vá em Frente,* disse que quando contrata alguém, quer ver o brilho nos olhos, alguém que vai suar a camisa pela empresa, que vai adorar o que fizer. Ele gosta de uma imagem grande, ideias gerais, humores, vibração. Pode ser um músico, um homem do reggae, um sonhador, um rebelde. Empreendedores procuram distinguir-se, querem quebrar as regras, encontram sabores no pecado, comer a maçã de Adão e Eva, gostam de conceitos revolucionários, não fazem o tipo classe média e nem usam roupas de lojas de varejo. Tudo tem que ser especial, diferente, coisas que chocam pessoas é apelo para eles/elas. Têm que ser os primeiros a ler, os primeiros a ter, são os pioneiros a informarem as pessoas, os escoteiros, os dirigentes de indústrias, os criadores. Se quiser conquistar um homem/mulher, mais um impulso empreendedor na vida, leve-o/a a lugares elegantes, seja espontâneo, exponha pensamentos anticonvencionais.

É assim que Richard Branson reagia quando alguém lhe propunha fazer turismo aeroespacial, algo que ninguém ainda havia feito antes. Sendo seguro ou não, no caminho o empreendedor irá considerar todos os riscos financeiros e técnicos, mas primeiramente ele tem que ficar encantado com o conceito, com o desafio, pela paixão da aventura humana. Richard Branson gosta de ser um pioneiro, gosta de desafios e até mesmo do perigo. Ele fez a volta ao mundo em um balão e sentiu estar deserto e no meio da Antártida.

De acordo com Helen Fisher, se você quer alguém que o ame, ou que pelo menos que se apaixone, crie situações que gerem dopamina e endorfina, como por exemplo, voltas de montanha-russa, que geram muita endorfina. Produzindo dopamina, endorfina, adrenalina pode-se realmente trabalhar para criar o momento, a intensidade para "matar", o primeiro beijo. Gostam de música tecno, de novos lugares, de brilho, tatuagens, *piercings*, qualquer coisa que possa ser visto como original, e não comum. O que é comum é ver pessoas imitando as outros. O empreendedor quer ser autossuficiente, sob medida, único, original, especial, não igual aos outros. É o que quer ouvir. O contexto pode até ser, às vezes, engraçado, excitante, novo. Você verá isso pelo brilho dos seus olhos. Adoram criar uma tensão, um clima especial, algo que faz acelerar os batimentos cardíacos, a sensação de risco, de medo e virar de cabeça para baixo.

O empreendedor é mais que moderno, um negociador que será o primeiro a ter a nova tecnologia, a última moda. Ele sente prazer na criação destrutiva. Seu pior medo é as coisas se cristalizarem. Recebemos o fundador do YouTube e do Myspace no Brasil, e eles nos disseram que empreendedores e líderes brasileiros perguntaram-lhes como poderiam criar uma cultura do Vale do Silício em suas empresas. Foram suas as seguintes palavras: "Evitar as guerras entre departamentos por causa de orçamento e responsabilidade. O departamento jurídico quer ser o mais importante, mostrando os riscos legais, enquanto o departamento de marketing diz precisar que se gaste mais. O departamento financeiro se recusa, pedindo para economizar ao invés de de gastar. Ou, em um grupo de mídia, deve-se fazer o jornal cooperar com o departamento de notícias da TV e ter uma negociação organizacional dentro da empresa. Mais do que isso, é preciso motivar as pessoas para que trabalhem em conjunto, cooperem, criem, inventem, em vez de trabalhar como robôs programados, sem criatividade e sem evolução".

A história de Ricardo Bellino ilustra as habilidades necessárias para negociar com empreendedores assim como as suas habilidades como negociador para corresponder às formas de pensar. Ricardo, aos 25 anos, no Rio, descobriu em um artigo o trabalho dos seus sonhos: trabalhar com o fundador da Elite, John Casablancas. Naquela época, ele não tinha nenhum trabalho concreto, nem muito dinheiro, mas tentou encontrar uma forma de convencer John Casablancas a constituir uma Elite Brasil.

Depois de ir a festas, sendo o organizador de festas de DJ, ele conheceu, de maneira informal, o dono da marca de moda Ellus, que lhe disse que gostaria de ter a Elite no Brasil. Ricardo se atreveu a dizer que ele poderia trazer John, da Elite. Pegou sua caneta, pediu a um amigo para escrever em inglês e enviou uma carta de sugestão para John Casablancas vir e criar uma agência no Brasil, além de realizar seu famoso concurso de beleza *Elite Look of the Year* no Brasil. John Casablancas, tão poderoso quanto Meryl Streep em *O Diabo Veste Prada*, leu a carta e repassou ao seu irmão, que estava no comando da franquia John Casablancas escolas e agências de modelos. Fernando Casablancas respondeu que estaria disposto a cooperar com o Brasil, com a mentalidade de que Ricardo e seus sócios seriam clientes, comprando e colocando dinheiro no negócio para a franquia no país em questão. Seu interesse era ter Ricardo e seus sócios pagando o risco de investir, e uma opção para rentabilizar a cooperação: encontrar patrocinadores para o concurso, encontrar TV para o concurso, ganhar dinheiro com comissões sobre modelos do *booking*, ganhar dinheiro enviando modelos brasileiras, como Gisele Bündchen e Alessandra Ambrósio, do Brasil para o exterior.

Ricardo viu que o processo levaria tempo, passo a passo, e como Fernando queria fazer um contrato-tipo, isso obrigaria Ricardo a encontrar um investidor, como a Ellus. O próximo problema para Ricardo era ir para a reunião em Nova Iorque, falando pouco inglês, sem dinheiro para o hotel e a viagem. Pediu ajuda para o seu pai, que lhe emprestou R$ 1.000 dólares. Em seguida, por intermédio de um amigo, Ricardo encontrou um emprego temporário como *courier* da DHL. O trabalho perfeito para viajar para Nova Iorque, para ficar livre e visitar a Elite. Com suas habilidades de adaptabilidade e de criatividade e com o dinheiro de seu pai, ele pagou a YMCA (Associação Cristã de Moços). A viagem foi feita por meio da DHL, e uma vez em Nova Iorque, encontrou, no hotel, um amigo que aceitou ir com Ricardo à agência de modelos como tradutor. Uma vez em Nova York, Ricardo encontrou-se com John, que disse amar o Brasil, que tinha estado no país um tempo e nunca tinha voltado. Ricardo levantou algumas expectativas de festas com mulheres incríveis, ele o fez sonhar e imaginar que este sonho poderia se tornar realidade. A ligação do país foi uma provocação, e o motivo era: fundar a Elite Brasil. Como? Com patrocinadores do concurso, que pagariam a procura de novos talentos para o concurso, que seriam suas modelos brasileiras. Os produtos e formas de rentabilizar se baseariam em ter investidores brasileiros ganhando dinheiro dos patrocinadores do concurso a partir da taxa de investimento na procura de novos talentos que as agências de todo o mundo pagariam para a Elite Brasil.

A Elite Brasil ganharia dinheiro no agendamento de modelos para campanhas publicitárias brasileiras e desfiles, a Elite Internacional se tornaria uma marca global, com escritórios no Brasil, e ampliaria sua fatia do bolo das receitas globais. Embora John pudesse prever todos os benefícios, ele pediu a Ricardo uma abordagem passo a passo, além de um contrato padrão de franquia. Ricardo concordou, mas não disse que não tinha dinheiro para representar a Elite. No entanto, ele queria um comprovante de que faria qualquer investidor brasileiro ver que o negócio era de verdade, e que eles podiam pagar para se tornar Elite Brasil. Ricardo conseguiu receber tal carta de intenção e voltou ao Brasil. De repente, Ricardo ganhou impulso, não ficava mais horas esperando no corredor para ser recebido, sua perseverança estava começando a render. A Elite NY abriu os olhos e viu que o Brasil estava se tornando o próximo grande mercado. Falando sobre John Casablancas, quem poderia esperar que o mercado, com modelos da Escandinávia, pudesse, na América, olhar para as belezas mais exóticas, a mulher latina mais sensual. Naomi Campbell foi a primeira aposta certa de John Casablancas para a capa da *Vogue EUA*.

Enquanto Cindy Crawford e Claudia Schiffer foram dominando o mercado, uma nova modelo jovem do Brasil chegava em 1994, o novo rosto da *Elite The Look of the Year*, vinda da Elite Brasil, chamada Gisele Bündchen. A próxima foi uma modelo deconhecida de Salvador, Bahia, Brasil era Adriana Lima, e um ano depois Alessandra Ambrósio, as meninas que se tornaram anjos da Victoria Secret, superstars Elite, encontradas antes de se tornarem estrelas públicas. O olheiro, o único que vê o valor antes de qualquer outra pessoa, é o empreendedor que visualiza.

Anos após o sucesso de ter trazido a Elite para o Brasil, Ricardo Bellino criou um novo interesse, projetando diferentes opções para atingir seu objetivo. A razão do seu interesse por uma nova aventura foi: trazer um estilo de vida de luxo para o Brasil, seguindo padrões internacionais. A construção de procedimentos padrões de operações se daria pela criação de luxo com Donald Trump. Para atingir esse objetivo, Ricardo, como empreendedor, pediu que John Casablancas fosse um facilitador desse relacionamento. Ricardo verificou se Donald Trump também gostava de John Casablancas. Aprendendo com essa abordagem cognitiva de inteligência investigativa, Ricardo teve a certeza de que havia um respeito mútuo e que uma carta de recomendação de John Casablancas poderia ter um impacto positivo. Ricardo preparou meticulosamente a reunião, fazendo análises de mercado sobre a macroeconomia do Brasil e do momento político. Ele também entrevistou parceiros imobiliários sobre o mercado, e projetou: quem é quem, quem poderia ser um parceiro, um fornecedor, um cliente e um concorrente. Ele também antecipou os interesses de Trump e as necessidades e desejos dos clientes brasileiros. Quando chegou ao escritório de Trump, Ricardo estava confiante de que não haveria surpresas. Trump acabara de ter um encontro terrível com sua equipe pouco antes da sua chegada. O contexto não poderia ser pior: um dia chuvoso, Donald Trump com raiva, cheio de testosterona, chegando de um conflito. Provavelmente, por estar envolvido pela tensão da reunião anterior, ele tinha cortisol, impaciência e menor capacidade de ouvir. E o pior: ele estava atrasado e, por cortesia, recebeu Ricardo dizendo que ele tinha três minutos para fazer seu discurso. Ricardo apresentou o seu caso, mas como Donald Trump estava de mau humor, ele encerrou rapidamente a conversa, dizendo "não". A perseverança de Ricardo, vontade e força e uma boa preparação inverteu o jogo em seu favor. Ele disse: "Sr. Trump, o senhor sabia que o Brasil tem a segunda frota de helicópteros do mundo, que tem a segunda frota de jatos particulares e que a rua Rua Oscar Freire, para marcas, é a segunda do mundo? E o senhor sabia que os ricos do Brasil representam 10% do poder de compra? E que há um novo milionário a cada hora no Brasil? E que é a economia mais vibrante do mundo, no momento?".

Donald Trump não sabia nada sobre esses dados, quando, de repente, seus olhos brilharam. Ricardo trouxe até Trump conscientização e encantamento, conseguindo transformar as emoções dele em dinamismo, entusiasmo, prazer, ventos positivos da terra prometida, a busca pela Eldorado. Donald chamou seu advogado e perguntou "Do que você precisa?". Ricardo disse: "Eu só preciso de uma carta de comprovação de que estamos no negócio e que eu posso representá-lo no Brasil, ter conversas preliminares com potenciais clientes e parceiros de investimento". Trump respondeu: "Acordo fechado".

O negócio não fecha por causa de algumas conjecturas negativas. E aqui aprendemos outro comportamento básico que um bom Newgotiator deve aprender: ser generoso e não muito ganancioso. Deve reconhecer o valor e a expertise do outro de uma forma humilde. O poder nunca será tão competitivo em Newgociação quanto cognitivo: a capacidade de aprender com o outro, mudar de ideia e virar para uma direção melhor representam, antes de qualquer coisa, um trabalhador do conhecimento seguro.

O problema é que a maioria dos negociadores clássicos concentram-se no preço logo no início, e em seguida é que se reportam à qualidade, então tentam criar várias rodadas de negociação com mais proximidade. Se o negócio fechar, aí é que eles perguntam sobre o time de futebol, o aniversário para o "lembrete automático" no LinkedIn ou Facebook. Os Newgociadores talentosos imprimem uma direção contrária.

Você sabe qual a razão para um cliente deixar a sua empresa? Uma pesquisa respondida por clientes da Walt Disney Resort provou que 50% das razões para clientes não voltarem, escolhendo outra alternativa, é o fator relacionamento: o humor, a atenção, a simpatia e empatia, o sorriso genuíno, o caráter, a química.

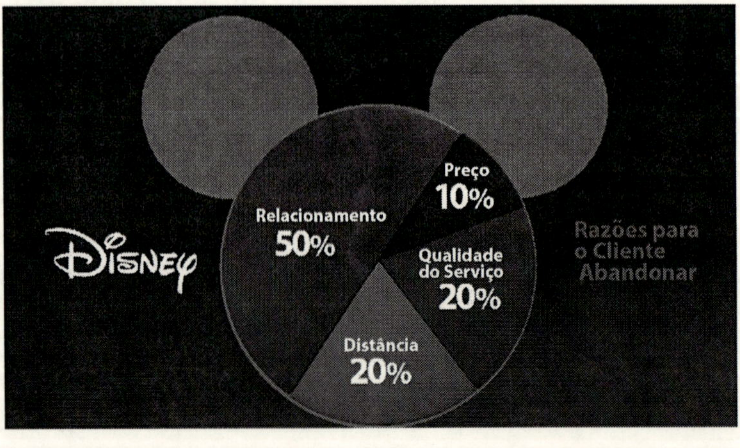

A distância constitui 20% da razão de mudar. Um turista não gosta de fazer mais de sete horas de voo, em média, para sair de férias. A distância cria menos necessidades, menos legitimidade. Olhe para um casal que vive a distancia: é uma razão que pode levar à separação. E 20% do motivo que leva as pessoas a não voltar ao Disney Resort é a qualidade, a falta de novas opções, a falta de criatividade, uma rotina, dopamina, endorfina. O elemento tempo também é essencial para a definição da qualidade do acordo com o cliente. O mais importante, para um cliente, é a limpeza do banheiro, não a qualidade da montanha-rusa Space Mountain, os restaurantes, a qualidade das animações. O Newgotiator é um pesquisador, um Indiana Jones olhando para descobrir mistérios desconhecidos. Ele pode ter intuições sobre o que os clientes querem, mas deve verificar ou ouvir para aprender com o cliente. Nas empresas, os Newgotiators de sucesso são, precisamente, aqueles que escutam e, ao mesmo tempo, são criativos e podem ensinar novas formas de mercado, novas práticas.

Uma vez percebida a qualidade, o preço vem naturalmente. Você não vai ancorar o preço em primeiro lugar, e em seguida, mostrar a qualidade, porque o outro estará, naturalmente, chocado com o preço. Ele vai aceitar o preço quando perceber a qualidade, e é por isso que o processo da Newgociação engloba a troca de ideias, o propósito, os interesses, as preferências, criando opções a partir desse conjunto. Será, portanto, como personalizar a proposta de valor para que não se pareça com uma mercadoria qualquer. O fato de fazer uma proposta sob medida permitirá que você evite a concorrência com os padrões de mercado e lute por preço. É sempre aconselhável fazer a ancoragem do preço uma vez que o valor tenha sido percebido. Muitos advogados são percebidos por um instante como caros, porque o cliente não vê o custo que será salvo ou ganho. É a relação entre o preço e o valor que é importante. A avó do Yann, Georgette, havia comprado um belíssimo lustre de cristal Baccarat para a sua loja de presentes de casamento. Colocou um preço muito agressivo, o mesmo pelo qual havia comprado, R$ 500. Os clientes que iriam parar e vê-lo, perguntariam logo pelo preço e ficariam surpresos com um valor tão baixo. Georgette estava desesperada, pois após um mês, ainda não o havia vendido. Meu avô Pierre aconselhou-a a vendê-lo por R$ 1.500. As pessoas, então, pararam, perguntaram o preço e diziam: "Uau, está bem". Formou-se uma lista de interessados para comprá-lo por R$

1.500. O importante é a relação entre o preço e o valor, por isso o empreendedor criativo deve ser bom em adaptar-se e não ser teimoso. Um empreendedor padrão olhará para este rumor, aquela montanha rochosa no fundo do Myspace. Aber Whitcomb e Paul Bragiel cofundadores da Lefora, dizem que para ser um empreendedor com mentalidade "Vale do Silício" deve-se pensar como uma "montanha de pedra", uma montanha-russa de grandes esperanças e de grande desesperos, com perseverança e uma sede compulsiva de recompensas, além de muita euforia.

É o que Jawed Karim, fundador do YouTube, disse quando explicava que primeiro tentou o YouTube como um site para postar vídeos de aviões de caça; em seguida, tentou jogos. Como um facilitador e empreendedor conecta pessoas, a sua expectativa era que homens e mulheres se apresentassem e se conectassem por meio desse novo tipo de captação divulgada. Queria desistir, pois o YouTube estava com problemas e ele estava preocupado em não corresponder à demanda. Por acaso, o Google lançou uma nova tecnologia que permitiria unir títulos de vídeo para que as pessoas pudessem encontrar aqueles que lhes interessassem. O mercado e os usuários tinham mais criatividade e, liberando o uso da plataforma, o YouTube, de repente, teve um crescimento exponencial. Muitas vezes, nas negociações, temos que apenas criar um contexto, um objeto e deixar o outro jogar com isso. Basta mostrar e deixar a outra parte encontrar o uso, a diversão, o prazer. Ash Ganha Navin, outro tipo de empreendedor, antes de ser o fundador do BitTorrent, foi funcionário do Yahoo! Entre 2002-2004, ele, com seu grupo de desenvolvimento corporativo, movimentou as áreas de estratégia corporativa e aquisições. O empreendedor em questão me explicou que o Yahoo! tinha uma cultura corporativa em que o departamento de marketing tinha a liderança na negociação sobre o R & D do departamento de engenharia. O procedimento padrão foi para o departamento de marketing para atender o cliente e perguntar-lhe do que ele precisava. Reunindo essas informações, fazendo análise de risco e de oportunidades e com a exploração de dados, apurando informações em larga escala, teriam uma maneira de projetar o que o cliente quer, o que ele deseja e do que ele precisa. Estabelecer um conjunto de preferências de interesse era a maneira de inventar opções, que poderiam atender a todos esses interesses. A criatividade do Yahoo! dependia do cliente. De acordo com ele, eu digo para o pesquisador de marketing que quero encontrar artigos de negociação. O pesquisador, então, diz ao engenheiro para fazer isso acontecer. O Google já tinha uma abordagem diferente: o engenheiro tinha a liberdade e o poder da liderança sobre o departamento de marketing. Podiam inventar qualquer coisa, qualquer opção de aplicação ou ferramentas tecnológicas e o marketing teria que fazer o teste de acordo com a demanda.

Eles tinham uma ficha padrão para perguntar se eu estava interessado no Google Maps, quem eu sou para inventar ou o que solicitar ao Google Maps. Eu disse sim, eu adoro isso. Portanto, de um lado você teria inovação limitada no Yahoo! e grande inovação do lado do Google. Foi assim que este último ganhou competitividade e atratividade nos anos 90 quando comparado com o Yahoo!, segundo Navin. Nem um amante, ou um mercado, sabe necessariamente o que quer; pode ser que não tenha a informação, o conhecimento sobre o que o outro gostaria. Então, a Newgociação é tudo sobre a coevolução de aprender, ouvir o outro, e também informar, ensinar o outro a estar ciente, abrir os olhos, encontrar novas fontes de prazer.

A Coca-Cola e a Pepsi-Cola entenderam que não valia a pena brigar por preço chegando a uma situação de *dumping*, e que iriam competir para seduzir o cliente de várias maneiras, encontrar um sentido de pertencimento, a comunidade, o prazer, a responsabilidade social. Encontraram, portanto, uma química mágica para acionar a dopamina quando você bebe um refrigerante, o que cria uma sensação de prazer, algo que você pode deixar de sentir. A dopamina é uma espécie de vício que acorda a sua atividade cerebral e anseia por repetir o prazer mais uma vez, não é mais uma coisa simplesmente de gosto, mas é uma necessidade. É assim que você pode vincular o outro, ou um consumidor, à sua essência. No entanto, existe uma unidade mais forte do que a vontade: a testosterona de luta, a emoção de cortisol, o acessório exclusivo de ocitocina, o prazer de dopamina e a felicidade da serotonina.

3.5 O Estilo Visionário

O visionário não conduz negociações pelo poder sexual do ego e da testoterona, nem pelo medo, padrão, cortisol, o amor com apego ocitocina / estrogênio / comunicação / ligação / relação. Esses não são os elementos-chave em sua negociação. Ao contrário do empreendedor, ele não funciona por meio de invenções de opções, dos interesses / paixão / prazer.

O visionário pensa sobre o tempo, legalidade, sobre como seus filhos vão lembrar dele como símbolo de generosidade, integridade, justiça e elegância moral. Pode sacrificar-se por uma grande causa, em prol de futuras gerações. Pensa a longo prazo, na paz, no progresso da humanidade. Seu legado e propósito na vida é a sua unidade. Ele será mais dependente de serotonina, um hormônio que você produz quando procura compromissos a longo prazo, o senso do dever, quando você quer se casar com alguém e constituir família.

Os visionários não têm interesse em apenas uma noite, ele/ela busca por relações sustentáveis, por fazer um mundo melhor. Sua linguagem não é para satisfação imediata. O visionário é um organizador social, vê um problema da sociedade, um conflito em uma família e vai trabalhar a questão problemática até encontrar uma solução. Ele não teme as adversidades, porque é frente a elas que ele encontra a solução, é assim que o seu cérebro vai produzir serotonina. Alguns homens e mulheres amam relações complicadas, sempre encontram dificuldades em uma negociação com um homem casado, com uma mulher que está muito distante, e amam correr atrás de algo, perseguir mais do que abater. O caminho é a meta, gostam mais da caça do que do abate.

Quanto maior o sacrifício, mais eles entram em êxtase, principalmente quando conseguem a solução. Os visionários são assistentes sociais, enfermeiros, matemáticos, historiadores; gostam de resolver equações complexas porque sabem que produzirão serotonina quando aparecer a solução! A serotonina gerencia o humor, o apetite e também a nossa memória. A serotonina também é conhecida por regular o envelhecimento, a aprendizagem, a escassez de recursos e a reprodução. O visionário é ainda mais propenso ao risco que o empreendedor, ele pode morrer por amor, pode sacrificar-se pelas gerações futuras. Pode doar todo o seu dinheiro para uma causa filantrópica, pode fazer concessões. Caso não veja um melhor futuro ambiental, pode arriscar sua vida para defender uma causa que ache justa, e pode se recusar a negociar, atendo-se aos seus princípios. O visionário é instruído para pensar em termos de risco, de fazer concessão e de pensar a longo prazo. O problema é que a sua relação não é com os seres humanos, mas com Deus, e ele pode ser muito propenso ao risco a ponto de não se importar de ser um *mártir*, de matar ou morrer por Deus, por uma causa suprema. Por serem idealistas, alguns podem tornar-se terroristas. A noção do bem pode ser praticando o mal, porque o fim justifica os meios. Alguns, por um sentimento de culpa, vão passar a vida se penitenciando, sempre renunciando a ser feliz ou a ganhar coisas.

É o tipo de negociador que é empático ou altruísta, que pensa em termos de legado e desenvolvimento sustentável. O problema é que a empatia faz com que absorva todas as emoções e sentimentos do outro. Imagine um médico que, por empatia, sofre com cada um de seu pacientes com câncer?

As pesquisas de Paul Ricard mostraram que pessoas com alto grau de empatia sofrem mais com a pressão do que outros, por estarem sobrecarregadas com os problemas dos demais, sentindo os problemas deles.

Começamos uma experiência interessante dez anos atrás no Brasil, perguntando: Se um ET, um extraterrestre, pousasse na Terra e tivéssemos que lhes apresentar personalidades históricas da humanidade que são os melhores embaixadores da grande família humana, quem vocês apresentariam? Responderam: "Jesus, Mandela, Martin Luther King, Gandhi e Madre Teresa". Não havia nenhum bilionário na lista, nem estrelas, simplesmente pessoas que se sacrificaram para mudar o mundo, para fazer um mundo melhor. A mesma pergunta foi feita na Índia, França, Colômbia, EUA, Portugal, Nigéria, somando mais de 20.000 pessoas, e as respostas sempre giravam em torno dos mesmos cinco já citados aqui. Algumas vezes, e raramente, eram citados Einstein e Pelé, (os mesmos cinco, sempre). Quando o padrão de normalidade para as pessoas era "o colonialismo é normal", Gandhi imaginou que isso deveria mudar. Robert Mnookin menciona a resistência contra as ditaduras, tanto que opta por não fazer concessões, tem um senso de dever. Mandela escolheu ficar 27 anos na prisão em vez de buscar um acordo fácil com o poder ditatorial do governo do apartheid. Fez um sacrifício com visão de longo prazo para uma sociedade pacífica e harmoniosa da África do Sul. O visionário é aquele que pensa em termos de concessão, em termos de critérios, padrões morais, e não de normas sociais. O visionário tem um imperativo categórico que o faz ser intransigente às tentações, ele é um tipo de religioso, reza, pode ficar isolado, renunciar ao prazer imediato, o que o torna tão difícil de ser corrupto. A sua fidelidade, integridade e moralidade são elogiáveis. A elegância moral e a ética conduzem suas ações, pois seu propósito é baseado no humor e nos valores.

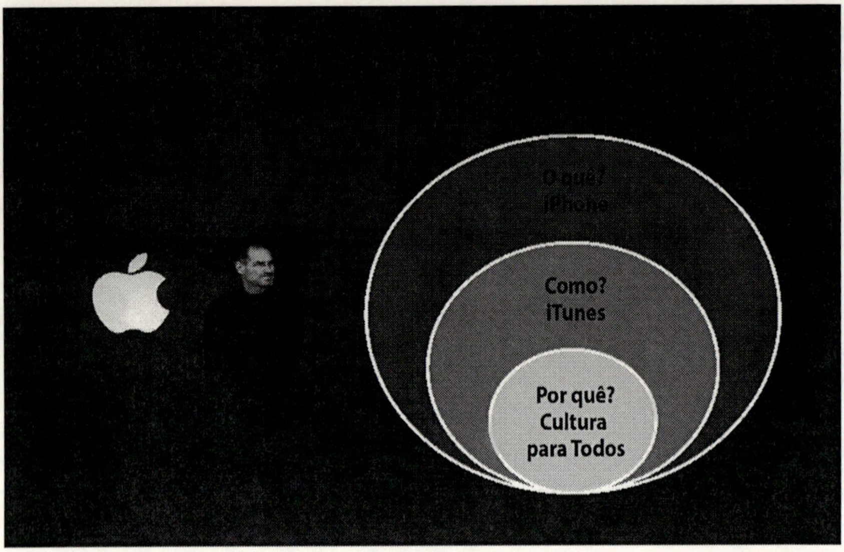

Isso é precisamente o que a Apple fez para angariar fãs, ela fez um "Pense Diferente" com imagens de Gandhi, Martin Luther King e Picasso. A Apple tem fãs, mas por que algumas outras empresas de informática não os tem? Por que é que Steve Jobs pôde emperrar o tráfego da internet, por que uma enorme multidão quis ver sua apresentação de um dispositivo chamado MP3 Ipod? Steve Jobs conseguiu ser como um Ring, um lugar para ser, para falar. Ele criou uma sensação que significa estética, em grego. Os logotipos redondos, que são uma regressão à infância, causam uma sensação de conforto. Os designers selecionaram a embalagem – não se sabe consciente e explicitamente, mas quando a sua pele a toca, você adora. Eles procuram o melhor espaço e luzes para iluminar os computadores nas lojas da Apple, de forma que todos os olhos são seduzidos sem uma percepção explicitada. Eles se dedicaram a estudar os sons de clique e descobriram o que os ouvidos dos consumidores estariam mais propensos a aceitar e gostar. Pensaram nos cinco sentidos para seduzir o consumidor.

Então, Ron Johnson, diretor de lojas da Apple com quem negociamos para trazer uma loja da Apple para o Brasil, disse que olha para o contexto e só depois toma a decisão de fazer uma loja da Apple. Ele examina a cultura microeconomica, a macroeconomica, os impostos e a legislação, pois tudo isso impacta a decisão de estar no lugar certo e na hora certa. A Apple criou também um espírito, uma cultura e uma mentalidade de legalidade. Foi exatamente como Steve Jobs negociou com John Sculley: não perguntou o quanto este último queria de salário, X ou Y, não falou sobre as opções de carro corporativo ou de opções de ações. Jobs levou-o em linha reta a partir das entranhas, falando diretamente ao seu coração, perguntando: "Você quer vender água com açúcar para o resto de sua vida ou você quer vir comigo e mudar o mundo? "Cultura para todos, Educação para todos" tornou-se o lema para mudar a forma como as partes do mundo pensam e aprendem. Jobs tinha encontrado um propósito, um feito maior do que o salário ou cargo. Essa é a motivação final de qualquer negociação.

É justamente onde os cérebros reptiliano e límbico operam, a parte do cérebro mais primitiva que tem o que chamamos de intuição, o coração. O cérebro límbico é a parte do cérebro que não fala, é tudo sobre o implícito, a imaginação, a percepção holística, a consciência e atenção. Francisco Varela chamou de mente encarnada tudo o que sentimos: o cheiro, o sentido, a estética. Pessoas e empresas que são bem-sucedidas em Newgociação sempre começam com o porquê, o propósito, o contexto, a atmosfera. No caso de Sculley, ele voltou para casa, talvez tenha olhado para os seus filhos, o seu legado, o propósito de sua vida e em como ele seria lembrado.

Os visionários valorizam o senso de dever, o patriotismo, o sacrifício; tudo o que é inesquecível e eterno. O tempo, para eles, é para sempre, não apenas uma paixão, não apenas uma noite. Os visionários constituem-se como bons enfermeiros, pessoal de caridade, padres, porque eles adoram ser ajudantes, eles adoram doar-se.

Se você desejar uma mulher visionária que se apaixone por você, queixe-se, mostre que você está infeliz, perdido; ela vai se sensibilizar. A visionária não é atingida por um autoritário dominante, e considera um controlador chato e maçante, mas poderá gostar de um facilitador popular ou de um empreendedor divertido, e vai se sentir intimidada e amar um caso desesperador, um típico liberto, uma pessoa doente. Uma visionária gosta de se sentir útil, necessária, sentir que pode salvar o mundo. Gosta de ser à semelhança de São Jorge matando o dragão. Ambos, visionário e visionária, sempre encontrarão alguém que lhes pedirá para ser libertado, tirado da miséria. Gostam de sentir-se como heróis, e reclamam para ser amados por terem feito um sacrifício. Adoram sentir pena de alguém. Veja o que ele: -Eu a ajudei, dei-lhe um carro e agora me troca por um milionário corrupto. Quanto mais infeliz e vítima parecem, mais as pessoas se preocupam em tratá-los com bondade. Estar doente, triste, é uma maneira de dirigir a atenção ou atrair pessoas.

A motivação do visionário vai mais além do indivíduo, do ego, está no pensamento sobre o desenvolvimento sustentável, sobre as gerações futuras: fazer sacrifícios hoje para ter recompensas futuras. Acha que o paraíso não é aqui e agora, mas sim amanhã. Ama culturas espirituais, estilo de vida de tipo esotérico e yoga. Se você é um visionário, puxe os valores espirituais, fale sobre astrologia, dê seus objetos mágicos, vá a lugares religiosos, pois pessoas com as suas características gostam de meditação, contemplação, de estar perto da natureza. Gostam de penitência, estudo, ler, trabalhar duro, pegar pesado na academia, yoga, *raganhag* ou maratona. Acreditam que, se você tem dor agora, seu corpo e Deus vão agradecer, no futuro, com recompensas. Falam com os deuses, para a parte subconsciente dele, o cérebro límbico e a gratificação com a serotonina, que também é o hormônio controlador do sono e da tristeza. Se você quiser aumentar o seu nível de serotonina, encontre um propósito, uma fonte de felicidade que torne a vida uma aventura emocionante. As pessoas tomam pílulas antidepressivas que aumentam a serotonina, mas o problema é que elas bloqueiam a dopamina, o hormônio do amor e do apego. Dessa forma, quem toma reforço de serotonina é mais solitário, independente e menos feliz. Martin Seligman provou, em *Felicidade Autêntica*, que as pessoas mais isoladas são as menos felizes. Todos nós amamos estar ligados, estar ligado a alguém, ser amado e amar. A serotonina é boa para fazer você acordar, fazer você sonhar, fazer você se sentir melhor. A serotonina é produzida pela coragem. Encontrar um porquê, um estado de espírito, um sonho, a solução de um problema é como acionar a serotonina e a sensação de felicidade.

O porquê é tudo sobre o contexto também, o estilo de vida, como você se sente em um Starbucks posando para seu iMac ou iPad. A imagem, a aparência, a comunidade se conectando e o que você vai atrair. A Apple é como uma Harley-Davidson. Quando você compra uma Harley-Davidson, não é porque é uma moto para transportá-lo, você não vai comprá-la porque tem cavalos de potência, na realidade você compra "o sonho americano, o modo de vida americano, liberdade". Você se conecta com o estilo de vida de motos Harley, das tatuagens, das roupas; você pertence a uma tribo. Às vezes é inconsciente, implícito. Tudo isso acontece porque é gerenciado pelo cérebro límbico. O motivo é o *american way of life* com um logotipo. Em seguida vem o como atingir esse objetivo, o modo de vida americano. A Apple fez o mesmo. O objetivo é "pense diferente, mudar o mundo, cultura para todos". A forma de alcançar esse objetivo é: "Apesar de uma plataforma de gestão operacional chamada iTunes". E o que é o produto? "iMac, iPad, iPhone, iPod". Depois eles falam sobre o preço.

2

Gerenciando Expectativas para Minimizar os Conflitos

Na Sony, Veolia e Johnson & Johnson aplicamos o seguinte e clássico exercício que faz parte dos nossos treinamentos: pedimos aos negociadores para participarem do jogo de queda de braço com olhos vendados e proibidos de falar com a outra parte. Dissemos que o objetivo deles, o porquê, a intenção, o sonho comum era fazer o maior número de pontos possíveis em 30 segundos. Falamos que se trabalhassem bem antes do jogo, esperávamos que fossem campeões de queda de braço, como Sylvester Stallone no filme *Over the Top*. Com essa imagem em mente, nós manipulamos e, digamos, os hipnotizamos com a ideia preconcebida daquilo que as pessoas têm sobre uma negociação: um jogo de força, de poder, uma luta na qual um será o vencedor e o outro, perdedor. Como a instrução foi de que o objetivo era que cada um fizesse o máximo de pontos que pudesse em 30 segundos, as pessoas entraram no jogo da queda de braço da mesma forma que fazem em uma negociação. O resultado foi o seguinte: 70% dos jogadores finalizaram com o resultado (0, 0); 20% com resultados (1,0); (0,1); (1,1), (2,1); (0,5), (2,2). Eles são como eu os denomino: os proletários da negociação, os que sempre repetem os mesmos resultados, aqueles que imitam o que os outros fazem. Como a negociação, assim é um jogo de força: você não pode confiar em ninguém, você tem que vencer o outro. Então, como demos as instruções, eles mobilizaram toda a sua testosterona e oprimiram um oponente mais fraco para obter zero, ficando felizes com um glorioso dois. Quando perguntamos se estava feliz com este resultado (2;0), o vencedor disse que sim. E de novo, questionando se haveria alguma maneira de fazer melhor, a maioria disse que não, porque não havia sido vislumbrada nenhuma perspectiva melhor – uma limitação que o Prêmio Nobel de Economia, Herbert Simon, chama de racionalidade limitada. Isso é mais ou menos como a maioria dos negociadores fazem. Todos têm o desejo de alcançar ganhos mútuos e resultados mutuamente satisfatórios, eles afirmam, mas a primeira coisa que fazem é a ancoragem do preço, e aí um diz: "Eu quero um milhão", e o outro: "Eu quero dois milhões". A zona de possível acordo será:

A B

Um milhão ------------- ZOPA ----------------- Dois milhões

A possibilidade de compartilhar todos os interesses presentes nessa negociação, o conjunto de todas as opções de criação, inserir quem fez a concessão, escrever a natureza da relação, os jogos de poder usados, todos esses esses dados mudam a forma da Newgociation campeã da negociação para se chegar a um (10, 10) e pertencer ao grupo de elite dos Newgotiators, não um banal produto e negociadores proletários irracionalmente felizes com (2, 1), (1, 1), (5, 0), (0, 0), como estes tipos de acordos[23].

Os focos das Newgotiations estão na criação de maior valor, aumentando a probabilidade de fechar um negócio e torná-lo mais rápido, compartilhando as melhores soluções. Pode levar mais tempo do que uma negociação barata e simples baseada no preço; em compensação, pode proporcionar mais chances de o negócio ter mais valor, mais chances de ganhos mútuos e uma melhor probabilidade para fechar um negócio.

A Newgociação não oferece para uma empresa somente ter uma memória organizacional, mas um conhecimento distribuído em rede, de forma que cada negociador participa de uma economia contributi-

---

[23] Veja, no apêndice, o caso fictício da Intel e HP, por meio do qual demonstramos que uma banal negociação pode se transformar em uma excelente rede de negócios para ambos os protagonistas.

va, uma economia positiva, sendo altruísta em seu próprio interesse. Se, na HP, todo mundo entrar no resultado da negociação com cada cliente, e outro colega de trabalho também, a produção pode tornar-se um acervo como um rico receituário de cozinha, sendo útil para que cada funcionário não perca tempo ao iniciar uma negociação de zero. É como uma convenção, algo aceito por todos, como por exemplo: é melhor que cada um pare no sinal vermelho, porque se todos ultrapassarem todos os faróis vermelhos, ertamente haverá muitos acidentes, todos os dias. Assim, a sabedoria é não optar por uma decisão egoísta, e só aceitar ganhar (7,7), em vez de ter uma satisfação (10,0). O risco que se corre ao querer levar vantagem sobre o outro é o mesmo que passar no sinal vermelho. Se for retaliação ou opção por uma estratégia não cooperativa, certamente haverá situação de perda/perda, com acidentes todos os dias. É prudente, portanto, ir devagar para ir mais rápido, gastar cinco vezes mais tempo para introduzir os dados sobre a negociação na esperança de que os outros da empresa também façam isso e cooperem, acelerando a negociação para todos. É aconselhável parar no sinal vermelho confiando que o outro também vai fazê-lo para que os ganhos sejam mútuos.

A teoria dos jogos com o dilema do prisioneiro e o dilema da galinha explica muito bem o egoísmo altruístico. Igual ao jogo da queda de braço, em que o melhor é ser cooperativo e competitivo do que apenas empreender uma luta competitiva sobre um bolo fixo (1,0) ou (0,1) e preferir fazer (10,10) ganha/ganha. Robert Mnookin mostra, em *Beyond Winning*, que as pessoas nem sempre são racionais, pois preferem ganhar de outro (1,0) para depois perder (10,11). No entanto, você se sai melhor com dez milhões do que com um milhão. A maioria das pessoas tem um problema de inveja ou ciúme que as impede de tomar boas decisões racionais e elegantes. Quando dei uma palestra na Universidade de Harvard sobre as reformas no Brasil, expliquei que juízes estavam negociando a reforma das pensões com o governo, propondo adiar a aposentadoria dos juízes de 50 para 60 anos de idade. Vamos modelizar a negociação. A satisfação dos juízes de se aposentar aos 50 anos de idade foi de 7/10. Com a proposta do governo, a sua satisfação iria diminuir e chegar a 5/10. Do outro lado o governo, infeliz por pagar a aposentadoria precoce, teria uma satisfação 5/10, fazendo os juízes trabalharem até 60 anos de idade, logo, a sua satisfação seria à razão de 7/10. De um ponto de concordância (7/5), eles iriam para (5/7).

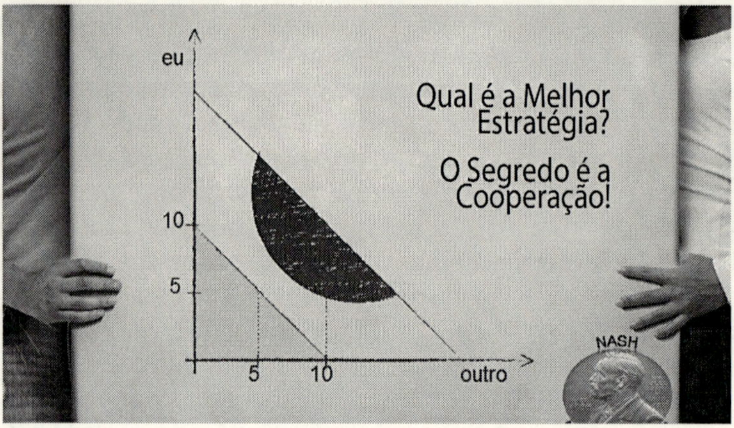

Qual a motivação dos juízes para negociar se, caso a situação mudasse, eles só teriam a perder? Os juízes disseram que não estariam motivados para continuar a escolher essa carreira, e que não era justo mudar as regras do jogo no meio dele. Ameaçaram greve, ir ao Supremo Tribunal alegando a inconstitucionalidade e que abolir direito adquirido é contra a lei. A negociação justa seria fazer regras de transição. Dessa forma, eles usaram o poder de alternativas, ameaças e *compliance* para evitar a negociação e preferiram a luta. O governo, antecipando essa resistência, impediu o conflito, criando opções e concessões para fazer pelo menos um (7,7). Por exemplo, oferecer ao juiz o cargo de um *juiz de apelação* após os 50 anos, com aumento salarial de R$ 2 mil. Se ele recebia R$ 10 mil trabalhando e R$ 7 mil sendo aposentado, o governo pagaria R$ 2 mil extras para ter alguém trabalhando em vez de R$ 10.000 para ter uma pessoa ociosa. O governo poderia oferecer um carro oficial ou um assistente para trabalhar com o juiz pelos próximos dez anos e, dessa forma, aumentar a satisfação para oito juízes trabalhando em melhores condições.

Alan Greenspan menciona em seu livro, *Era of Turbulence*, o teste feito com os estudantes do MBA de Harvard MBA, assim: você pode ter a opção A: um salário anual de R$ 100.000, e todo o resto dos funcionários da empresa com um salário de R$ 50 mil por ano, ou você pode escolher a opção B: um salário anual de R$ 200 mil e todo o resto dos funcionários da empresa com um salário de R$ 100 mil. A maioria dos estudantes preferiu ser o mais rico da empresa, o que poderia causar uma "corrida de ratos", um sentimento de ciúme em relação ao outro, ou pior, um sentimento de inveja para destruir o que o outro possuía. Negociações e violência sofrem desses instintos básicos de inveja e ciúme. As pessoas ficam incomodadas ao ver seu parente mais próximo, ou seu vizinho, em melhor situação financeira que elas, mas não se importam ou ficam somente fascinadas ao ler, na revista *Fortune*, a lista dos 500 bilionários. Sentem um certo ciúme, mas não necessariamente inveja. René Girard chama isso de rivalidade mimética, como um processo de escalada que pode se tornar irracional.

Um homem não ligava mais para a sua esposa, de repente ela encontra um amante e abandona seu marido. Este último fica enfurecido, obcecado e vai colocar toda a sua energia para destruir o rival e fazer de tudo para recuperar o seu "objeto de desejo". Uma vez que seguro de si recebe de volta a esposa, perde novamente o interesse. O amante, que também foi alvo de violência, de repente dá valor a um concorrente do tipo obsessivo. É o mesmo caminho das empresas, com sua maneira de entrar em *dumping*. Preferem perder dinheiro e se manter líderes do mercado em vez de se contentarem com o segundo lugar. Fazem, dessa forma, qualquer sacrifício para ganhar a escalada, o leilão. O comportamento irracional é comum quando se é colocado em competição com outros, a cruel satisfação de ser o único a ter o objeto que o outro não tem. A negociação autoritária sempre olha para esses tipos de rivalidades. Se ninguém quer o objeto, eles também não querem. Quanto mais o objeto é desejado por todos, mais ele se tornará valioso.

A sabedoria do Newgotiator é estar ciente dessas armadilhas humanas para, por exemplo, não entrar em anos de luta com um irmão por causa da herança de um sofá de R$ 200 que era do avô, que acaba de morrer. Entenda que, se o objeto não conta, o que conta é a relação de concorrência para ter o que o outro possa vir a ter. Sábio seria dizer: Por que se preocupar com este maldito sofá, por que brigar por algo tão ridículo?

1. Ir Além do Dilema de Batman e Coringa

A experiência na prisão tem mostrado que o encontro entre prisioneiros e mães da vítima de um assassinato gera sentimentos como o perdão, a empatia e o reconhecimento do dano feito, o que ajuda os prisioneiros a aceitar que eles estavam errados. Além disso, faz com que estes últimos não continuem se autoenganando, dizendo que a vítima teve o que merecia. Com a empatia, sentiu-se a desolação de uma mãe que perdeu o filho por causa de um dos prisioneiros. Ele sentiu pena, e a partir de um bom abraço e fé ambos, pela manhã, aprendem, restaurando a fraternidade e a elegância moral.

Pensamos no Batman e nas bombas que o Coringa colocou nos dois barcos (um barco cheio de prisioneiros malvados e outro cheio de bons cidadãos:

"Hoje à noite vocês vão fazer parte de uma experiência social, há diesel nitrato e posso mandá-los pelos ares, ninguém tenta sair do barco senão vocês todos morrem. Cada um dos barcos tem um controle remoto para explodir o outro barco. À meia-noite, eu mando tudo para os ares. Se, no entanto, um de vocês apertar o botão, eu vou deixar que o barco subsista. Então, o que vão fazer? Vocês escolhem. Então, quem é que vai ser? A coleção de canalhas mais procurados por Harvey Dent (o promotor público, no filme) ou os doces inocentes civis? Ah, devem decidir rapidamente, pois as pessoas do outro barco podem não ser tão nobres". O Coringa diz que os prisioneiros não têm elegância moral, altruísmo e têm a tendência em, primeiramente, matar. Isso cria um dilema para que os civis, mesmo de forma preventiva, tornem-se assassinos, sendo maldosos com quem não poderia explodi-los. Thomas Schelling ganhou seu Prêmio Nobel de Economia sobre a dissuasão da Guerra Fria, as escaladas irracionais. Como sair dessa espiral de violência, retaliação, dissuadir, dar o primeiro passo?

Os civis do barco dizem: “Por que aqueles homens não podem morrer, já que tiveram sua chance? Vamos colocar em votação”. Uma civilização vê que ninguém quer acionar a detonação e ser um assassino, então um deles diz:” Tudo bem, eu o farei”, mas de repente, ele hesita. Se os civis derem o primeiro passo eles ganham e os prisioneiros perdem. Aqueles, portanto, são os primeiros a explodir o barco dos prisioneiros. Os civis, nesse caso, ficaram a salvo porque os prisioneiros morreram e não puderam mais acionar o detonador. Foi um ganha/perde. Outro cenário e probabilidade seria: como os presos têm a expectativa de que os civis os odeiam, vão matá-los primeiro, então seria uma perda/perda. Se nenhum dos dois provocasse, poderia ser um ganha/ganha durante dez minutos, até que o Coringa chegasse para matar todos eles, que deixam um legado como boas pessoas, mas morrem como heróis, e não como egoístas e covardes. Poderiam também renunciar à luta e à violência esperando pela providência , um Batman para salvá-los, impedindo o Coringa de puxar o gatilho.

Um prisioneiro se aproxima do líder, que detém o detonador, e diz: “Você não quer morrer, mas você não sabe como tirar uma vida. Dê-me isto; esses homens iriam matá-lo, e levá-la de qualquer maneira. Dê-me isso. Você pode dizer-lhes que tomou à força. Dê-me isto, eu vou fazer o que você já devia ter feito há dez minutos”. O líder e suas mãos covardes seguram o detonador. O prisioneiro em seguida, joga-o para fora, pela janela. Ele renunciou à violência, inserindo essa escalada da rivalidade. A mesma coisa aconteceu no barco civil. O Coringa ficou desapontado porque a sua tentativa de fazer as pessoas gananciosas, oportunistas e más não funcionou. A palavra, o sentido do dever, o padrão moral, os critérios humanitários, o altruísmo e a empatia triunfaram. As pessoas creem e rezam para que o outro seja fiel e cooperativo, e essa é a aposta certa. Sua escolha racional está funcionando. Batman, com inteligência e tecnologia de rastreamento para saber de onde o Coringa estava falando, o vê e faz com que pare e lute, pois não há negociação com um homem louco como o Coringa.

No Brasil, os tribunais estão cheios de casos de violência de casal: 50 mil mulheres são espancadas a cada ano. Muitos crimes contra a mulher são cometidos a partir de situações triangulares, partilhar responsabilidades, mas se cruzou a linha do gritar para tocar, e de lutar para usar uma arma. São cometidos crimes e atos ilegais. A maior parte dos crimes cometidos por arma de fogo mata 30.000 pessoas todos os anos, principalmente aqueles relacionados às drogas. São 30.000

pessoas que morrem, por ano, por não respeitarem o sinal de trânsito ou dirigir embriagados. Vemos que a falta de autocontrole provoca excessos de comportamentos, um dos principais motivos de violência em nossa sociedade. Se considerarmos os números relacionados à violência contra si mesmo, a depressão por causa do assédio no ambiente de trabalho, ou o sofrimento por amor, levando ao suicídio, chegamos à constatação de que esta é a principal razão de morte na América. Então, como podemos fazer a prevenção da violência, da retaliação, de cruzar a linha, ou de ter o outro, que é como o Coringa, que nos deixa louco e vai estragar nossas vidas, e como Harvey Dent, que tem um desejo insano de vingança e de se tornar violento como o Coringa?

O desafio mais difícil de uma Newgociação não é entrar em comportamento mimético, como pessoas insanas. Pare e vá até a varanda para respirar, se acalmar. Muitas vezes, é inteligente deixar o karma e a justiça do universo fazerem seu trabalho. Muitas vezes, na minha vida, os meus piores inimigos viraram posteriormente pessoas que eu gostaria de agradecer e oferecer espumante por mudar a minha vida. Se você está preocupado com um mentiroso, agradeça por tê-lo descoberto. Como Warren Buffett disse: "A honestidade é um precioso presente, não espere das pessoas que seja sem custo". Aquela mulher que namora um filho de senador corrupto está lucrando com o dinheiro corrupto para viver como se fosse uma princesa em Gotham City. Para que tentar ser mais rico do quem dorme em uma cama de corrupção? Não sinta inveja de quem não merece o que tem, não fique chateado com essa pessoa por preferir o conforto do que trabalhar. Todo o dinheiro que gastam é roubado de escolas, de hospitais, um dinheiro que poderia ser da polícia, usado para evitar acidentes e homicídios de vítimas inocentes.

2- Lidando com Pessoas Violentas e Irritadas

Alguém disse que, para obter um grau de avaliação de professor 10/10 por parte dos alunos, é melhor não fazer piadas, pois sempre haverá alguém que não vai gostar ou entender.

No Brasil, sabemos que os assaltos podem ser mais frequentes que em outros países. Uma dica é nunca questionar ou reagir frente a uma situação como essa. Entregue, de forma gentil e pacata, os seus pertences.

Nós acreditamos no poder da educação, de colocar as pessoas de volta no caminho certo, dando-lhes uma segunda chance. Uma das forças da Newgociação é o poder de formular imagens, imagens positivas, um propósito de comunicar maneiras, de fazer um mundo melhor. Se você acredita que seus alunos, colegas de trabalho, cônjuge, podem se tornar pessoas melhores, você pode, realmente, contribuir.

Quando Yann ensinava na prisão, a maioria dos prisioneiros estava lá porque começaram a usar maconha, depois cruzaram o limite e experimentaram cocaína e, eventualmente, crack. Uma vez dependentes, estavam doentes e poderiam começar a vender para um amigo, depois dois e assim por diante. Ao utilizar essas substâncias, sentiam-se intocáveis, não enxergam o risco de prostração ou a euforia. Como alguém que ganhou o grande prêmio da loteria, há um processo acontecendo no cérebro dessas pessoas que faz com que elas percam o radar e a percepção do risco. Seu cérebro reptiliano/límbico fica numa confusão tal que desorganiza o lado superior, o neocórtex, a zona da lógica. Quando entramos em pânico ou em êxtase, perdemos o controle. É nesse momento que os acidentes acontecem. Fiz amizade com os presos, ajudei dois amigos que haviam perdido a reputação, seus amigos, sua vida, por causa das drogas. A maioria desses casos foram de advertência, bandeiras vermelhas, uma experiência de aprendizado para que eu evitasse seguir o mesmo caminho. Ser um negociador é como tomar o seu estetoscópio para fazer o diagnóstico do seu próprio paciente – você está aqui para ouvir, para remediar uma patologia, não há porque lutar contra uma pessoa. Ao tomar a posição, essa distância, essa paciência, essa indulgência, você vai começar a sorrir, não sendo afetado quando ouve as pessoas dizerem ou fazerem coisas estúpidas.

Que todos os Newgotiators se tornem sábios como jardineiros que olham para jovens lagartas fazendo estragos, destruição de plantas, reações epidérmicas na pele, sendo nojentas e feias, às vezes, mas quando maduras, vão por si aprisionar-se no casúlo, meditar, sonhar, refletir e transformar –se em lindas borboletas, que vão brilhar ao sol, relacionando-se com a natureza, promovendo a adubação de flores e fazendo um mundo melhor. Essa é a expectativa final que podemos ter dos nossos inimigos, aqueles que nos machucam, aqueles que estão agindo, planejando ou sendo excessivos da lagarta à borboleta.

3

Aprender Fazendo

A escola da vida trata de criar condições para concretizar todas as experiências que afetarão o seu estômago, o contexto que irá testar o seu autocontrole, a sua capacidade de não entrar em pânico e agir loucamente. Vários métodos e técnicas de simulação que provocam novas situações e contextos possíveis são ferramentas poderosas no ensino e na aprendizagem. Ser um professor lidando com mais de 20.000 estudantes é, por exemplo, uma situação auxiliar e meio poderosa. Na atualidade, há mecanismos para acelerar um conhecimento a ser incorporado, a gestão de projetos, como fez a Escola 42, e como a escola da vida, com o Newgociação Ring, que permitirá aumentar o grau de habilidades de negociação. Jogos sérios, videogames de Newgotiations, casos reais de usuários resolvidos no Newgociação Ring e mecanismos essenciais para construir as habilidades como as de um jogador de xadrez, querendo ter a mentalidade certa, as habilidades de paciência, indulgência, resistência, *fair play*, compaixão, intuição, e também a linguagem, os recursos para fazer o diagnóstico correto e encontrar as soluções certas. Mais do que a aprendizagem pela interação, a aprendizagem pela partilha ou a aprendizagem por meio da simulação, você tem uma plataforma para compartilhar uma linguagem. Para pilotar uma Newgociação e usar um simulador Newgociação com o intuitode voar alto, você deve saber como usar um *cockpit* Newgociação, seu painel de controle e falar a mesma língua que Newgotiators qualificados.

Neste capítulo propomos um guia prático do vocabulário da Newgociação e dos dez elementos falados por todos, além de aprender como dirigir uma Newgociação em quatro passos. A técnica, com os quatro passos e dez elementos, permitirá que você compartilhe um processo de aprendizagem com uma comunidade de Newgotiators que têm a mesma mentalidade, cultura e valores. Finalmente, e mais do que tudo, vai permitir que você seja beneficiado pela maior probabilidade de fechar um negócio, com a velocidade melhorando o valor do seu contrato.

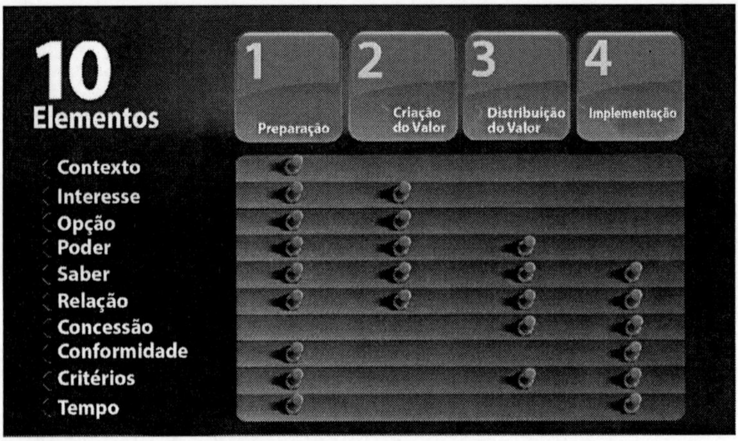

1- Os Quatro Passos para Conduzir uma Newgociação

Os quatro passos para conduzir uma negociação são: (1) preparação, (2) criação do valor, (3) distribuição do valor, (4) implementação.

Treinamos, com nosso parceiro, se queremos negociar para assistir a um filme, ou com um filho, para ele ir dormir. Podemos ter a melhor das intenções, ter paciência, o desejo de que tudo fique bem, mas conflitos acontecem. Como podemos lidar melhor com o nosso vizinho barulhento, fazer reuniões mais eficazes com o nosso chefe dogmático, evitar, por exemplo, o inferno de uma conversa difícil com um cliente que se queixa sobre o seu produto? Quais são os melhores filmes ou os mais aptos para ele? Se temos um filho de seis anos, provavelmente ele prefere assistir aos desenhos animados em vez de um documentário sobre a vida da Rainha Maria Antonieta. Se nosso filho tem quinze anos, o critério de escolha e do convite serão mais articulados.

O primeiro ponto de atenção é saber o propósito da negociação: **Por que estamos aqui**? A negociação *face to face* é o último passo. Antes, é necessário preparar o processo, pois a qualidade da preparação, antes de falar, é fundamental. E se você não tiver como ouvir e perguntar por meio da escuta ativa, terá dificuldade para negociar. Outra armadilha na qual podemos cair é lutar imediatamente por nossas razões, nunca definir o problema de imediato, assim: “O quanto eu quero” ou “Qual a quantidade de dinheiro que você quer?” Quero ver esse filme, vamos ou não vamos? A primeira dica, que serve para ser usada sempre, é adiar o momento de ancorar o momento crítico da negociação. No caso, eu quero ver esse filme, eu quero que você seja menos ruidoso, eu quero conquistar alguém. Em qualquer situação, devemos encher o *gap* que acontece entre quem fala e quem escuta. Como exemplo, citamos uma pesquisa que afirma que as mulheres falam mais do que os homens no trabalho. Os 72% dos homens afirmam que as mulheres fazem muitas perguntas, enquanto elas dizem que fazer perguntas estimula a troca de ideias e o *brainstorming*.

O dilema de perguntar demais ou falar demais pode se resolver com a escuta ativa, fazendo perguntas orientadoras: “É? Que interessante!; então...poderíamos, talvez; isso signfica que...?”.

A maioria dos homens gosta de pensar sozinha, mesmo quando trabalha em equipe. No Japão, quando fazem um silêncio, é o momento de *Ma,* a ocasião para pensar e estar em harmonia com os outros, em silêncio. Assim, as mulheres também poderiam usar a escuta ativa e Mâ para equilibrar o ritmo e o estilo do passo, a criação de valor. É importante, durante a etapa da criação de valor (fase 2), não interromper o outro, deixá-lo pensar e interpretar suas ideias. Deixe-o ouvir, e que seja mais calmo e lento, não como um questionário investigativo rápido, como fazem os jornalistas. Para questões de rotina diária, a mulher poderia respeitar a tendência masculina de conversas breves, e para grandes decisões, os homens poderiam aprender com as mulheres, ouvindo com maior concentração e resistência, aceitando ouvir todas as perguntas, como: por quê, como, o quê, quando, quanto.

De acordo com John Gray, *Homens são de Marte e Mulheres são de Vênus*, e Barbara Annis no livro *Working Together*, no qual ela analisa as relações homens e mulheres no contexto do ambiente de trabalho, eles realizam um estilo e problemas de comunicação diferentes conforme o gênero. Mulheres sentem-se frustradas e com raiva porque sentem que muitos homens não as escutam. Um caminho para resolver isso é focar, como encontramos no último livro de Daniel Goldeman, *Foco*, que trata exatamente desse aspecto da comunicação, conhecimento e habilidade para ter concentração, olhando uma coisa de cada vez. A maior parte dos *brainstormings*, na etapa de criação de valor, é um fluxo improvisado de ideias. Um bom método para organizar a etapa de criação de valor, melhorando a concentração e a capacidade de ouvir, é falar sobre um assunto de cada vez. Um bom processo facilitador, na etapa de criação de valor, é a mulher não interromper e fazer uma grande variedade de questões – o melhor é ficar na área, ser metódica até terminar.

Claro que é necessário prestar atenção ao *kairos*, o momento certo para fazer algo. Quando encontramos o fundador do YouTube, CFO do Yahoo! e o fundador do Myspace, foram três horas de um tempo gasto com qualidade. Todos desligaram os celulares, concentraram-se na conversa, troca de ideias e perspectivas. Estávamos relaxados para ouvir, com uma xícara de chá, e não havia ninguém para interromper a conversa. Todo mundo estava tranquilo para perguntar, ouvir, compartilhar ideias, testar outras novas. A arte da conversação requer um mínimo de preparação, o contexto certo, o ambiente, o momento, a cortesia em prestar atenção e perguntar nem demais, nem muito pouco. Uma sensação de nenhum excesso, de sobriedade, bondade e respeito, a arte da criação de valor com uma mentalidade, uma maneira de ser legal, amigável e descontraído, não muito rápido, nem muito lento. Quando você tem essa oportunidade, aprenda a dar prioridade à pessoa que está diante de você. Como os gurus do Vale do Silício me disseram: "Trata-se de um tempo de qualidade, real, então troque seu WhatsApp e os bate-papos do Facebook pelo tempo deste momento, não atenda a chamadas telefônicas, apenas mostre que nada mais importa do que este momento, a sua conexão com a pessoa que está diante de você".

Todo o valor, ao iniciar uma negociação no trabalho ou em uma ocasião, é criar um limite especial, não sentir-se uma coisa qualquer, estar ali, provar para o outro que você se importa, que você está ali presente, e não distraído.

Da mesma forma que as pessoas compartilham pontos de vista, elas definem problemas ou sonhos, identificando interesses e opções. Muitas vezes há o desejo de que esse momento seja inovador, uma criação descritiva. Por isso os empreendedores amam a etapa de criação de valor. No entanto, quando eles se encontram com controladores e autoritários que gostam de parâmetros, critérios, regras, leis, rotinas, formas conservadoras, organização, manter poderes ou negócios comuns, torna-se um desafio usar a palavra mudança.

Na pesquisa realizada com alunos do Instituto Indiano de Administração, com o Instituto Bajaj de Mumbai e o Instituto Fore, Instituto de Comércio Exterior Índia, as entrevistas mostraram que as mulheres gostariam de mudar a maneira como os homens as tratam no trabalho e na família. Revelaram, ainda, que a maneira tradicional de trabalhar, muito machista, ressaltava, nas mulheres, o sentimento de exclusão no ambiente de trabalho. Pediram para mudar, mas os homems responderam que era algo cultural.

A etapa **de criação de valor (fase 2) é precisamente o momento de suspender a crítica, inventar opções sem compromisso e apenas dizer: "E se". É uma construção de cenários imaginários em que não há pressão, porque não há nenhuma obrigação de comprometer a sua palavra.** As mulheres podem sugerir, de forma tranquila: propor a realização de reuniões às sextas-feiras, uma reunião conjunta para falar sobre as mudanças que poderiam melhorar a produtividade, o clima organizacional, ou como fazer a empresa ser a melhor para se trabalhar, e assim atrair os melhores talentos. Elas podem colocar a ênfase no benefício geral para todos, não apenas para as mulheres, e de que maneira os homens serão mais propensos a ver o benefício na resolução conjunta de problemas, ou o processo de construção do sonho em conjunto. Do total, 82% das mulheres sentem algum tipo de exclusão e discriminação no trabalho, em eventos sociais ou em reuniões informais.

O estilo de conversa das mulheres é bem diferente. De acordo com um levantamento de qual assunto é o "número um" em conversas masculinas no mundo, o futebol ganha, em seguida, mulher. Se uma mulher não gosta de falar sobre futebol com os homens, terá que fazer alguma concessão. Se os homens sentem vergonha de falar de uma mulher na frente de outra mulher, certamente vão preferir estar entre homens. Sendo assim, a mulher pode aprender o básico sobre futebol e torcer para um time para fazer parte da conversa, a menos que não queira entrar no assunto numero dois.

A maioria dos negociadores falha, em primeiro lugar, por não estar preparada e, em segundo lugar, por começar imediatamente a falar sobre o preço, sobre o tema crítico, bem no início da conversa. Já começa a ser criada uma lacuna sobre um possível acordo que poderia ser feito, gerando uma distância, um desafio, uma questão difícil.

Vamos aprender a fazer uma lista de toda a preparação de uma negociação. Aprenderemos, também, a adiar o lado competitivo do ZOPA a fim de, antes de mais nada, criar valor, construir a confiança, tornar uma negociação um momento de criação e de um bom humor, com sentimento, atmosfera, construção de confiança e de zona de conforto.

O momento da criação de valor está relacionado a como evitar ferir criando uma negociação com base na posição do preço sobre apenas um foco, que leva a uma resposta, sim ou não. A criação de valor é a arte e a ciência de ir devagar para ir mais rápido. H. Raiffa, em seu livro, *A Arte e a Ciência da Negociação*, expõe a importância de primeiro construir a confiança, a crença e o propósito comum. A maioria dos negociadores nem sequer concorda sobre formular a hipótese para a definição do problema ou sobre como poderia chegar a um possível acordo para solucionar a equação. A maior dificuldade é ampliar o foco, criar coerência entre o cérebro límbico e o neocórtex. Colocar ordem na maneira de conduzir uma negociação, portanto, é a única maneira de alcançar os resultados desejados, que permanecem: *Getting to Yes*, com grande velocidade e valor.

A etapa da distribuição de valor (fase 3) é o momento crítico, pois todos os interesses são explorados. Criamos todas as opções possíveis, sem compromisso, então é hora de falar sobre o preço; comparativamnte, é hora de falar sobre o nome do filme que deseja assistir, sobre o fato de como lidar com seu filho na hora de dormir. A etapa de distribuição de valor é o momento em que você vai ter que justificar o preço com os padrões, em que você terá que mostrar o histórico do filme que você sugere, sobre as regras para as crianças irem para a cama à noite. O momento da distribuição de valor é o espaço em que você vai transformar as opções de cada interesse em concessões recíprocas. É um momento para dividir ou agarrar a embalagem, também chamada de bolo.

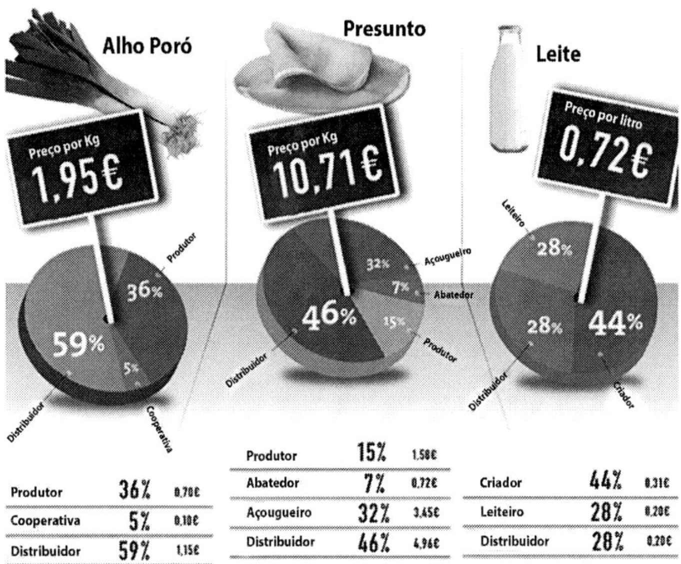

Então, uma vez que a distribuição é demorada, você quer ter certeza de que aquilo que foi acordado será feito. Você quer ter as cláusulas de contingência: se isso acontecer em dois meses, será feito isso e, se isso não acontecer, vamos fazer aquilo. É um momento para se colocar penalidades caso o cliente não pague no prazo ou pedir sigilo sobre o preço. A seguir, neste passo, é feita a verificação de que o acordo está em conformidade com a lei, de que o que foi decidido fará o relacionamento parar ou ser sustentável.

2. O Contexto para Preparar uma Newgociação

Trata-se de descobrir o contexto macroeconômico. Estamos em um contexto de crise em que a oferta excede a demanda. Se assim for, o fornecedor/demanda tenderá a tornar os preços mais baixos. Em um contexto macroeconômico de pequena poupança, ou de famílias endividadas, ou de elevada taxa de desemprego, o empregador negociará um aumento de salário. A contratação de um novo funcionário também pode acontcer, o que dá ao empregador um maior poder de barganha. **A pesquisa atesta que o clima também influencia: você tem uma maior probabilidade de ser contratado em dia ensolarado ou ter um aumento em seu salário quando chove.** Em termos de momento político no país, quando é época de eleição, as pessoas são menos propensas a investir porque há um alto grau de incerteza. O contexto político entre os países também pode afetar a negociação, ou um acordo político na OMC pode ter impacto na sua indústria. Um contexto político com desconto de imposto para computador ou subsídios para produção de cinema pode gerar um impacto positivo sobre as negociações dos fabricantes de computadores ou produtores de cinema. O contexto econômico indica se trata-se de um país com elevadas taxas de juros, daqueles que fazem com que os riscos sejam mais caro e as pessoas mais propensas a poupar do que gastar. O contexto demográfico indicará o seu poder de barganha e se a população está envelhecendo, como na Itália, Alemanha e no Japão, em que haverá maior necessidade da imigração; ou mais oportunidades de emprego, como no Bayern, onde a taxa de desemprego é de 2%. O fornecedor, nesse caso, recebe uma vantagem competitiva, pois pode pedir um aumento ou buscar outro emprego.

O histórico proporcionará a você a definição dos gostos, os valores e o momento que a pessoa vive, além do valor que ela representa para você. O contexto envolve a educação da pessoa, como é o relacionamento com os pais, se esteve na faculdade, se a pessoa é social, avessa ou propensa ao risco, facilitadora, popular, controladora, autoritária, vaidosa enfim, tudo ajudará você a criar. Ela ou ele vai perguntar para você, caso permita, se viaja muito ou não, se você está disponível ou sempre ocupado com outra pessoa, se você mora longe ou em um lugar aprazível, e isso poderá gerar impacto positivo ou negativo.

A análise do contexto vai auxiliar a definir, explicitamente, qual é o estado de espírito da pessoa, se ela está com raiva, se é autoritária ao conversar com seus funcionários, se é medrosa como um controlador ao falar com os auditores da Receita Federal que querem ver os demonstrativos financeiros, se é uma facilitadora com ocitocina de um negócio, com boa negociação para criar uma parceria, se é entusiasmada com endorfina e dopamina, animada com uma inovação pioneira prestes a ser vendida como um grande prêmio no mercado ou se está em um contexto visionário, com muita serotonina, fazendo uma fundação de responsabilidade social que seja um legado para a sua obra. O momento e a situação vão ajudá-lo a identificar o que são as crenças, as emoções, o sentimento que você quer transformar ou o que a interação pode lhe trazer. Se a pessoa é avessa ao risco e, portanto, não quer gastar, como mostrar que o contexto é seguro para investir e gastar? Se a pessoa é cega, não está ciente dos riscos que ela assume, como fazê-la rever e atualizar a sua visão para ser mais prudente?

A análise do contexto ajuda a definir qual ambiente terá impacto sobre o relacionamento. Os amigos, o grupo, vão influenciar ou não a outra pessoa a sair com você? Se a pessoa faz parte da comunidade religiosa, seu grupo irá desempenhar um papel na decisão de sair ou não. Se a pessoa sai com playboys, a probabilidade de ela ser um playboy autoritário, uma pessoa com características de um predador sexual à procura de mais uma conquista, aumenta. Olhe para o seu Facebook, veja o tipo de festas que frequenta, o tipo de amigos que ela/ele tem – a roda de amigos vai dizer muito sobre os valores da pessoa, seu caráter, seu modo de vida. Se ela tem foto do helicóptero das pessoas e a imagem dela exposta em um iate, há chances de ser uma alpinista à procura de ascensão social, alguém que precisa de um objeto de poder para aumentar a sua autoestima. O contexto é como fazer um diagnóstico honesto sobre a situação a partir de onde você vai começar nesta negociação. Se o interlocutor é um fornecedor, um cliente, um complemento de um concorrente, como transformá-lo em mais do que apenas um chapéu de fornecedor? Como transformá-lo em um cliente como na Intel/HP? (mencionado no apêndice).

A análise do contexto é fundamental. Citemos o caso de um cantor que quer ser agendado para um show por um produtor. Esse cantor pode estar em um momento de desespero para voltar à cena, pode estar precisando de dinheiro ou, se for rico, pode qurer investir, com um grande capital. Ele está em um momento de vida em que deseja deixar um legado e fazer algo no sentido da responsabilidade social, ou está em um momento da vida em que quer diversão, estar cercado por rodas de amigos e muitos fãs? Será que ele quer viajar muito em turnês ou prefere fazer programas de TV? Qual é o seu estado de espírito? Deprimido, otimista, pronto para novas músicas ou quer somente suas músicas antigas? Ele é hip ou está em declínio? A análise do contexto inclui a verificação no Facebook para saber quem é essa pessoa, quais são os seus valores, o seu time de futebol, os tipos de amigos que tem e as suas preocupações. Temos dez canais/maneiras para negociar, segundo o contexto.

A. Negociaçao Direta

Definido o contexto, isso permitirá determinar a melhor forma de negociar. Se a outra pessoa o conhece bem, não precisará de intermediário, o relacionamento é bom e existe confiança.

B. Agentes

Se estamos em uma negociação com duas pessoas e um dos dois não conhece o outro, ou não tem competência para a negociação, poderão selecionar agentes. Por exemplo: um agente imobiliário, se o proprietário não conhece qualquer comprador e não sabe como negociar o aluguel de seu apartamento. Se o cantor não gosta de negociar seus contratos diretamente com o produtor, ele poderá contratar um agente que vai negociar em seu nome. Se o relacionamento de um casal estiver em conflito, pode ser melhor ter um advogado para tratar da separação. Da mesma forma, se um funcionário está se desentendendo com o pessoal do Recursos Humanos, pode pedir a um representante de seu sindicato para defender seus interesses e negociar em seu nome uma negociação trabalhista.

C. Facilitador

Em um contexto de disputa ambiental, uma empresa pode contratar um facilitador por este ter uma certa neutralidade, mesmo sendo pago pela indústria do cliente. O facilitador reunirá a indústria, uma agência de regulação, o órgão ambiental e um sindicato para facilitar um processo de construção de consenso de governança conjunta sobre um dispositivo de limpeza para uma fábrica de produtos químicos ou para o uso da terra de uma rodovia. Facilitadores também são úteis no contexto da tomada de decisões, por exemplo, os que foram contratados pelo Banco Mundial/Corporação Financeira Internacional com os nossos colegas do Consensus Building Institute para ajudar na elaboração das Políticas Ambientais e Trabalho da IFC para a América Latina e Ásia.

D. Mediador

Em um contexto de disputa judicial, um juiz pode solicitar um mediador pago pelo Estado ou por todas as partes. Recentemente, os principais escritórios de advocacia do Brasil me pediram para criar condições de forma a promover a mediação em disputas de fusões e aquisições, e assim, evitar longas disputas judiciais. O presidente do Conselho Nacional de Justiça de Salvador, Bahia, solicitou um treinamento para seus juízes e a comunidade para fazer Newgociação nos processos de mediação no Brasil. Fizemos o mesmo no senado francês e no Congresso Nacional. Recentemente, para o Estado do Rio de Janeiro, trabalhamos com mediação durante uma semana; mediação/conciliação de mais de 6.000 casos de conflitos entre consumidores e os seus bancos, consumidores e as prestadoras de serviços de telefonia, do consumidor com lojas de varejo. A maior parte dos conflitos, 91%, foram resolvidos por meio de conciliação com um profissional neutro, tratando com cada parte e encontrando um acordo justo e pacífico.

E. Leilões

Quando não há muitas variáveis para se negociar, talvez o preço, mercadorias, ou algo de concurso público com critérios, a melhor forma de negociação para imprimir velocidade e igual oportunidade aos participantes é fazer leilões. Os leilões eletrônicos, como Ebay, Etrade ou com a plataforma Bloomberg ajudam a oferta e a procura de troca entre as partes de uma forma muito eficiente em termos de produtividade. Leilões são uma boa opção de negociação porque os interessados, os clientes, podem ter conversas exploratórias com seus fornecedores para personalizar e encontrar o melhor formato de proposta de forma a postá-la como oferta. Por exemplo, quando a Petrobras, o principal comprador do mundo, participou do nosso treinamento para preparar suas Newgotiations com Halliburton, Schlumberger, Baker, Technip, percebemos que seria importante, para melhorar o relacionamento com o fornecedor, fazer um fórum de diálogo.

F. Diálogo com Multiparticipantes

Outra maneira de negociar é o diálogo entre os múltiplos participantes, um meio de tornar a governança inteligente. Como o amigo Nicolas Berggruen sugere em seu livro inteligente, *Intelligence Governance for the XXIst Century*, existe a necessidade de um triângulo perfeito entre a autoridade executiva, o processo participativo para se ter uma melhor decisão e a liderança, com mais chances de aceitação, motivação e execução. A participação não é suficiente quando não há ciência e racionalidade na decisão trazida por especialistas ou cientistas, ou fatos para encontrar resultados conjuntos. O contexto da decisão do executivo pode ser complicado para um líder, como Angela Merkel, na Alemanha, após o acidente de Fukushima. A maioria dos alemães queria parar as usinas nucleares, e seus especialistas diziam que usinas nucleares são menos ruins do que usinas termoelétricas a carvão. O problema é que a maioria dos líderes políticos e empresariais prefere ouvir as pessoas, o mercado, para depois tomar uma decisão com base em pesquisas, dados, estatísticas, e não, necessariamente, em informações corretas, de especialistas. O contexto da decisão estratégica é complicado, nas empresas, quando se trata de decidir o orçamento, pois todos os departamentos querem a maior parte do bolo: o departamento jurídico afirma que precisa contratar mais pessoas e ameaça, dizendo que a empresa vai perder uma grande ação de classe se não estiver preparada. O pessoal de tecnologia da informação afirma que a empresa não estará protegida em caso de invasão de hacker, portanto, é necessário investir em novas tecnologias, de alto custo.

Quem tem o *know how*, quem tem poder, quais são as relações entre as partes interessadas? Tudo isso pode ser feito por meio de um painel de controle para mapear as partes interessadas e suas relações. A qualidade, para identificar as partes interessadas, a compreensão do seu interesse, seu poder, seus relacionamentos, informações e disposição para a negociação são informações necessárias antes de, eventualmente, sentar-se à mesa de negociação.

G. Negociação Paralela Informal

Se o contexto for mais secreto e delicado, é interessante usar canais paralelos de negociação por meio de um formulário chamado “Negociação Paralela Informal”. Por exemplo: se você assista ao filme *Treze Dias*, em que JFK teve de negociar a crise de Cuba com os russos enquanto o bloco dos EUA e da Rússia foram posicionados em bases de uma guerra nuclear. Não havia quase nenhuma comunicação direta, semelhante a jogadores de poker fazendo expectativas e suposições, espionando uns aos outros, mas não falando de uma forma mais flexível. Parecia um jogo de queda de braço com jogo de soma zero, ou você ganha acionando a bomba primeiro ou você perde se a acionar tardiamente. A fim de desbloquear o impasse, Khrouchtchev enviou um emissário secreto, um homem de confiança para usar o canal informal de forma a transmitir a mensagem de que havia uma maneira de negociar. Um amigo informal conversou com um contato informal de JFK e foram feitas concessões, antes negociadas com os americanos, para retirar seus mísseis na Turquia. Em troca, a Rússia retiraria seus mísseis de Cuba. Canais informais, longe dos meios de comunicação, dos mercados, do estilo popular de confronto patriótico, ajudaram ambos os países a evitar a escalada do conflito. *Negociações Paralelas Informais* são usadas no contexto do Irã e EUA quanto ao Programa Nuclear do Irã, antes de se encontrarem formalmente para selar um acordo. O "PIN" também é utilizado em contexto de fusões e aquisições, quando você não quer enviar sinais aos mercados. Por exemplo, o CEO do quinto maior banco das Américas, Itaú, reuniu-se em segredo com o CEO do Unibanco durante meses na casa de um amigo comum para conversas informais e troca de informações para uma possível fusão. Nenhum dos executivos estava ciente dessas conversas secretas, somente quando eles identificaram sinergias suficientes para formular uma corporação chamaram os executivos e advogados do banco para formalizar a fusão (M&A).

H. Arbitragem

Nos EUA, 93% dos conflitos civis são resolvidos por acordo entre os advogados, sem a necessidade de um juiz ou deum juiz privado, chamado árbitro. A arbitragem usa, na maioria das vezes, o elemento cumprimento/conformidade legal como remédio principal para resolver conflitos. Limita a margem de negociação. A vantagem da negociação é que ela oferece apoio psicológico, remédios científicos e de gestão econômica para resolver um conflito. É mais eficiente para atingir ganhos mútuos, pois um árbitro estará mais propenso a ouvir os advogados de ambas as partes, e o mais persuasivo com um argumento legal, vai ganhar o caso. O problema é que a mentalidade está voltada para o uso do poder e da lei, o que deixa espaço para o descontentamento. Um caso famoso na França é o de Bernard Tapie, ex-CEO da Adidas, que teve um caso de litígio com o seu banco, Credit Lyonnais. Em vez de optar pela resolução do conflito em um tribunal público com um juiz, ele optou por envolver todas as partes na negociação de um árbitro. A decisão deste último foi contestada pela parte do banco Crédit Lyonnais, que reivindicou a neutralidade dele. Às vezes, é mais difícil um árbitro ser percebido como neutro do que um juiz pago pelo Estado.

Também é mais difícil alcançar um sentimento ganha/ganha, porque é tudo conforme a lei, que não trabalha com as emoções nem com soluções criativas.

I. Julgamento

Os juízes para os quais dei treinamento me disseram que gostam de negociação, porque é um processo de aprendizagem, uma maneira de pegar pela mão o advogado A e o advogado B, ouvir os seus pontos de vista e, de uma forma pedagógica, levá-los à conclusão de sentença. A sentença de um juiz é um momento crítico. Se eles percebem que as pessoas não aceitam a sua sentença, farão o que se chama apelação, e todo o seu trabalho para chegar a uma sentença será cancelada. O juiz poderá sentir-se frustrado se houver um recurso, uma contestação do seu julgamento. Outro ponto que me disseram é que, quando vão dormir à noite, se um dos lados disse que o julgamento não foi justo, o juiz vai sentir- se culpado, preocupado, e não vai ser feliz. Pior ainda, se a sentença não for aceita, pode levar a violência fora do tribunal, como vingança contra a injustiça. Assim, a maioria dos juízes acha necessário ter mais que apenas o cumprimento/direito e poder para chegar a uma sentença. É cada vez mais frequente pedirem especialistas neutros para que a ciência componha sua sentença, assumindo uma postura de escuta ativa do que julgar sem ouvir, usar sua intuição para enxergar o tamanho da imagem ou o problema real. A sentença de um juiz tem, muitas vezes, a desvantagem de indicar um culpado, um bode expiatório, um responsável. Nem sempre há uma atitude de corresponsabilidade e coevolução.

Se as pessoas continuarem o conflito, não quiserem negociar ou aceitar uma decisão, as outras maneiras de resolver a questão é chamar a polícia ou um militar para impedir ou neutralizar o conflito.

J. Policiais e / ou Militares

Laurent Combalbert, um negociador da RAID, a Swat da França, disse um dia que você nunca negociará com boa-fé se o interlocutor não estiver em sua mente.

Em situação de crise extrema, como sequestro, violência doméstica, ameaças de suicídio, é necessário ter todas as informações para neutralizar a ação do sujeito, sem arriscar vidas.

A polícia, por exemplo, pode dar garantias ao lugar, remover a mídia ou vizinhos, e assim ter tempo para analisar o contexto.

3 Dez Elementos para Conduzir uma Newgociação

3.1 Contexto

Um negociador do Raid terá todo o tempo que precisar para ouvir sobre os sentimentos, as reivindicações do sequestrador ou do marido violento. No meio tempo, ele se beneficiará com a conversa e o apoio da unidade de inteligência para saber tudo sobre o sujeito: nome, seu trabalho, sua personalidade, seus antecedentes criminais, se ele tem problemas psiquiátricos ou de trabalho. Analisam toda a topologia do lugar para considerar uma possível intervenção tática, sabem para onde o sujeito pode vir a fugir, como atirar contra ele se houver resistência, e como proteger reféns. Em um colégio em Neuilly, o pessoal da RAID colocou câmeras escondidas e encontrou uma maneira de neutralizar um sequestrador, fazendo-o falar, mas verificando que não haveria nenhuma negociação racional, foram ganhando tempo para preparar uma intervenção bem-sucedida, também com a contribuição valiosa da professora, que não deixou nada ser percebido pelos pequenos sequestrados. É fato que a análise do contexto, a inteligência e o poder são a chave para fazer uma possível negociação, envolvendo táticas para captar informações e preparar a neutralização.

Realizamos, com o comandante Gerson Borges, do Corpo de Fuzileiros Navais, um treinamento para a Escola Superior da Marinha do Brasil, sobre como lidar com uma situação de crise, fazendo uma análise das partes interessadas, do contexto, verificando a forma da inteligência de um Risco, de Informações e a Gestão da Decisão. Gerson diz que, quando negocia com um sequestrador, ouve a sua maneira de falar, sua gíria e, assim, descobre a qual gangue carioca ele pertence. O comandante não iria negociar em São Paulo, porque ele não sabe a gíria das gangues de lá, já que não tem vivência no local. No Rio, ele pode dizer onde os reféns podem estar apenas pela identificação da gíria da gangue. Gerson também é capaz de determinar, pelo telefone, se o sequestrador está sob efeito do crack ou sob analgésicos, assim como determinar o nível de pânico ou racionalidade de seu interlocutor. Apontar o estado de espírito e o contexto da negociação é algo estratégico para a negociação crítica da crise. Quando fomos recebidos para o almoço pelo BOPE, a equipe da SWAT do Rio, trocamos técnicas de negociação com o negociador do Bope. Ele explicou que, às vezes, existem, em uma célula de negociação, dois negociadores. O negociador 1 conversa com o sequestrador e o negociador 2 está lá apenas para ouvir e estar a postos caso o negociador 1 esteja em um impasse com o sequestrador. O que ocorre, às vezes, é que não há um bom sentimento, uma boa química; logo, mudar o negociador pode ser uma boa estratégia. Entre o negociador 1 e o negociador 2 há um psicólogo que acompanha a evolução da situação e observa se o negociador não está se tornando muito compreensivo com o sequestrador, seduzido por sua chantagem ou piedade, por sua maneira emocional patológica e suicida de falar. O psicólogo pode sugerir mudar o negociador ou treinar o negociador 1 para fazer uma pausa e ir à varanda tomar um fôlego, uma distância. A célula desses três benefícios da unidade de apoio da Inteligência do BOPE é que vai estudar todo o contexto, reunir informações sobre quem é o sequestrador, o refém, os parentes, reúnem testemunhas, histórico, analisam a arquitetura da casa para fazer uma intervenção tática em caso de as negociações ficarem em um impasse. A unidade de Inteligência alimenta a célula de negociação e faz a mediação com o decisor, o comandante do BOPE, que fica em linha direta com o Governador, o único que pode dar sinal verde para a intervenção ou para a negociação. Na maioria das vezes, o BOPE não está lá para negociar, mas para parar *gangsters* radicais.

Como acabamos de dizer, é muito importante reunir todas as informações sobre o contexto. Uma vez que você tenha uma compreensão clara do contexto, pode começar a listar os interesses.

3.2. Interesses

Antes de iniciar a negociação, você deve ter todo o cuidado para preparar e identificar todos os interesses. O Professor James Sebenius, de Harvard, publicou *Negotiation 3D*, que é uma ótima metodologia para mapear todo o interesse, definir o propósito, quem, o quê, como planejar uma ação ou uma decisão. O painel de controle Newgociação irá ajudá-lo a entrar com todos os dados sobre os interesses e ver a intensidade de cada um deles, fazendo a classificação em termos de preferências, desejos e necessidades.

Exemplo 1

Imaginamos um apartamento, temos um locatário e um locador. Vamos ver os interesses:

Proprietário

- Preço: alugar por R$ 1.000/mês.
- Relacionamento sustentável: amigável, inquilino adequado que não vai mudar de ideia em um ano e partir para outro lugar.
- Não quer risco: quer acordo de contrato de 30 meses.
- Tempo de pagamento garantido: um inquilino que tem um emprego estável para pagar pontualmente o aluguel.
- Proteger a estrutura do apartamento: um inquilino que vai ser conservador, não um festeiro que vai danificar o apartamento.
- Logística: manter a garagem para usá-la para o seu segundo carro.

Inquilino

- Preço: alugar por R$ 500/mês.
- Relacionamento sustentável: amigável, inquilino não quer locador que mude de ideia em um ano.
- Liberdade: sair a qualquer momento, com um contrato de curto prazo.
- Decoração: pintar e decorar o apartamento da maneira como o inquilino deseja.
- Logística: não pagar a garagem, porque o inquilino não tem carro.

Liste seus interesses e veja como eles podem evoluir. "Como fazer evoluir a preferência" será o nome do jogo da negociação. No entanto, negociar não é receber um "sim" a qualquer custo, você quer identificar o que é a zona de possível acordo. Por exemplo: se o proprietário quer alugar por R$ 1.000 e o inquilino por R$ 500, há uma lacuna, uma diferença que reduz a possibilidade de um acordo.

O ZOPA é:

Comprador / Vendedor	Inquilino / Senhorio
$500	$1.000

Não há nenhuma maneira de ter uma boa chance de fazer um acordo se ninguém fizer concessão. Se é um contexto em que há mais procura do que oferta de apartamentos na cidade, as chances são de que o senhorio tenha mais oportunidades de ter o inquilino desesperado para conseguir o apartamento e fazer concessões. Se o proprietário não tem um plano B, outro inquilino disposto a pagar R$ 1.000, por exemplo, aquele pode encontrar razões para esperar ou fazer concessão para alugar por R$ 500. Outro aparamento disponível para locação neste valor, por exemplo, mas não tão agradável como o apartamento de R$ 1.000. Como William Ury, Roger Fisher e Bruce Patton chamaram, é a melhor alternativa no processo de negociação, uma BATNA, que é o Plano B, o escape para não ter que fazer uma concessão se o proprietário pedir R$ 1.000 ou se o inquilino só aceitar por R$ 500. BATNA é uma proteção que lhe dá o poder de dizer "não, obrigado". Se tanto o comprador e o vendedor têm uma BATNA, o inquilino explica porque apenas 30% das negociações acabam resultando em um acordo. Todo o desafio é para que cada negociador possa melhorar o seu Plano B, por exemplo, para o proprietário ter um inquilino que tem um emprego estável, em vez de um artista de teatro que pode ter que viajar ou que não tem um salário fixo e pode, com isso, atrasar o pagamento. Para o inquilino, encontrar um apartamento melhor do que o apartamento Plano B por R$ 500, que está longe de seu local de trabalho ou que não é bom olhar. Como podemos ter um negócio se cada uma das partes tem uma BATNA, uma maneira de se recusar a fazer concessões no preço? A única maneira, para ambos, de aumentar a probabilidade de fazer um acordo e não lutar por uma parte fixa entre R$ 500 e R$ 1.000, é ampliar a apreensão do bolo, transformar uma negociação distributiva em uma negociação integrativa por opções de inventar e adiar o momento de falar sobre o preço quando se trata de falar sobre o interesse. A etapa de criação de valor é toda sobre a suspensão das críticas para falar sobre todos os tipos de interesses e, a partir deles, abordar o preço – quando a etapa de criação de valor está terminando para entrar na etapa de distribuição de valor. A criação de valor, que tem tudo a ver com criar o clima, a sensação, o porquê, os interesses mútuos, é tudo sobre a criação de um espírito de conversa exploratória na forma de *brainstorming*, inventando opções.

Exemplo 2

Em uma negociação de trabalho, quando um funcionário é demitido por justa causa pelo chefe, se não concordar, ameaça acionar a justiça. O patrão alega que ele é velho, não estava vendendo o suficiente para o departamento e teve o que merecia. O funcionário acha que não é justo, porque trabalhou para vários departamentos de uma forma horizontal, mas como o processo de avaliação foi vertical, todos o departamento de vendas estava incompleto. Ele afirma que o patrão o ofendeu chamando-o de velho enquanto um experimentado vendedor sênior tem valor. Para evitar um processo judicial, as partes se reúnem e os interesses são os seguintes:

Os interesses do Patrão:

- Evitar o tribunal e pagar uma indenização pesada por ter chamado o funcionário de velho.
- Evitar criar um clima organizacional ruim, mostrando a todos os vendedores que não foi justo com o vendedor de idade – isso poderia colocar em risco o seu volume de negócios.
- Planejar um processo justo de avaliação, mais horizontal do que vertical.
- Restaurar um bom relacionamento com o empregado.
- Contratá-lo novamente, em uma posição de treinador, para treinar os mais novos.

Os Interesses do Empregado

- Que o patrão peça publicamente desculpas pela humilhação que ele sofreu.
- Ser contratado, mas viajando menos e fazendo mais consultoria.
- Aceitar que era uma situação infeliz, que ele era um homem que disse “sim” ao aceitar uma política de avaliação vertical de sua contribuição por apenas um departamento.
- Reconhecer que ele poderia ter sugerido para ser avaliado, por sua contribuição e tempo dedicado na contribuição a outro departamento de uma forma horizontal.

O empregado estava interessado, portanto, em fazer uma evolução no processo de avaliação e uma corresponsabilidade da situação da percepção limitada da sua palavra.

Em vez de lutar sobre "Você é velho ou não"; "Você é um bom ou um mau vendedor", seria mais interessante, para o chefe, perguntar: "O que faz você dizer que você é um bom vendedor?"; "Por que estamos aqui?"; "Para encontrar uma solução para este conflito!". Como? "Para restaurar um bom relacionamento e uma forma justa de avaliação de desempenho". Será importante, quando se reunirem, aprenderem a ouvir praticando a escuta ativa, perguntando como, o quê e por quê. É preciso verificar se a preferência do empregado está restaurando o seu ego, reconhecendo a sua competência ou autoridade. Como podem ser justas as vaias do controlador sobre seu desempenho, quais as informações que ele perdeu para avaliar adequadamente o funcionário? Por que o funcionário aceitou um método de avaliação de desempenho incompleto? A criação de valor em forma de *brainstorming*, identificação de benefícios, repetindo todos osmesmos termos do problema, vendedor de idade ou não de idade, bom ou ruim, será a definição de um propósito conjunto, um sonho conjunto, um resultado desejado mutuamente aceitável.

Exemplo 3

Na relação com o outro, você se concentra em ter um(a) companheiro(a) por um longo tempo, ou está em um contexto em que viaja muito e quer um(a) parceiro(a) amoroso para o sexo rápido, ou em um momento em que precisa se sentir cuidado por alguém. Você tem interese em liberdade ou em relacionamento apaixonado? Qual pode ser o interesse do outro? É ter um homem rico para pagar as viagens e restaurantes de luxo? É ter um homem com bons genes para ser um bom pai? Será que ele ou ela quer alguém inteligente para conversar? Você não pode ter tudo em uma pessoa só. Embora o amor não possa ser explicado de forma racional, a maioria das pessoas se apaixona por alguém porque seu interesse se dá, inconscientemente, pelo cheiro, pela química, pelas emoções e pelo sentimento de intimidade com a outra pessoa.

Você pode, por exemplo, procurar um homem para constituir família com alguns critérios, como ter bons genes, ser bom parceiro sexual, ter dinheiro para criar uma família e sustentá-la durante a criação de uma criança, mas por outro lado, ele pode ser uma pessoa mal-humorada, vaidoso, além de fazer negócios com pessoas corrompidas e de já ter feito negócios com pouca integridade moral. Você vai se concentrar nas coisas boas, ter um filho e, em seguida, dez anos depois, vê-lo na cadeia por corrupção ou traí-lo com uma escolta introduzida por sua comitiva. Ter lucidez sobre os interesses, sobre a preferência, ajuda as pessoas a não fazer escolhas irracionais e depois se arrepender. Um dos principais arrependimentos da mulher é ter estado com o parceiro errado e namorar um homem que não era atraente. Homens sentem pesar de não ter tido mais parceiras sexuais ou de não terem se atrevido a falar com uma mulher atraente por timidez.

Você pode ver se todos são do seu interesse atual, embora o amor possa ser um mistério, são a dopamina e a ocitocina que criam uma química. É possível mapear o que é mais importante de acordo com um contexto e tempo em sua vida. Essa negociação é feita para durar ou é apenas uma reunião e, provavelmente, não nos encontraremos novamente? É o momento, é o lugar para pensar em se casar? Se ele não é seu estilo, mas poderia ser um grande pai, você pode aceitar uma lista de interesses.

Companheirismo 7/10
Química sexual 8/10
Genes paternidade 10/10
Estética 5/10
Qual é a sua preferência, seu interesse principal?

É também estratégico, para avaliar o interesse, o contexto do homem ou da mulher. O seu interesse estratégico é o sexo eventual ou uma amizade e parceria de muito tempo? O outro pode estar mais interessado na amizade, no início, e no caminho, com a confiança, o respeito, a admiração intelectual, poderia ser despertada uma atração sexual. Por isso, é importante ver o interesse estratégico da pessoa e sua dinâmica. O negociador deve ter a paciência de esperar o momento certo, mesmo que a emoção possa diminuir ou a paixão sexual da dopamina possa transformar a relação em apego amigável de estrogênio/ocitocina. A natureza do interesse pode variar, a testosterona do desejo sexual pode vir em primeiro lugar. Se há uma forte atração física, em seguida, após a união sexual, depois da paixão, podem vir momentos de mais companheirismo com amizade, com o pensamento de, até mesmo, constituir uma família. Os interesses podem mudar, dependendo do contexto e do tempo.

A correlação entre o tempo e o contexto para definir a geometria variável de interesses reflete a dinâmica da negociação, sua energia de transformação.

3.3. Opções

Criar opções é a parte que transforma a negociação em um processo agradável de imaginação, de partilha de pontos de vista em uma forma fácil de fazer relaxado. Não há nenhuma tensão, nenhum atrito, pois tudo é definido com boa-fé. Qual o problema a ser resolvido ou o sonho a ser construído? Cria-se um propósito conjunto, a missão de fazer um mundo melhor, para tornar a nossa equipe, a nossa comunidade, a nossa empresa mais feliz.

Uma vez que todos os interesses foram esclarecidos, você pode inventar opções que combinam com esses interesses. Pode ser estratégico, não revelar a intensidade de sua demanda ou o quanto você quer esse interesse específico mais do que outro. O dilema da negociação, como Lax e Sebenius mencionaram em seu livro *O Gerente como Negociador*, é que você tem que ser transparente, cooperativo, revelar os seus interesses a fim de ampliá-los, apoderar-se do bolo, sem esquecer mas eles têm que ser competitivos, o que é difícil quando se quer dividir e aproveitar o bolo. O fato de revelar a intensidade do seu interesse pode prejudicar quando se trata de ser competitivo ao dividir o lado do bolo.

Vamos retomar ao exemplo de alugar um apartamento. Para o senhorio e o inquilino, eles não vão começar com o ZOPA falando sobre o preço, eles não vão começar a negociação criticando ou falando a BATNA do outro, eles vão falar sobre o interesse da Segurança que as opções podem criar.

Opção de Segurança:

- Ter um contrato de 30 meses.
- Ter um contrato de 12 meses, com penalidade se você deixar o apartamento antes
- Três meses de pagamento adiantado.

- Ter um inquilino que tenha um emprego estável, com salário fixo.
- Mostrar histórico e referências do propietário anterior.

Opções de Valorização do Apartamento

- Decorar o apartamento com um decorador aprovado em conjunto.
- Penalidade de R$ 3.000 se houver algo quebrado.

Opções da Garagem

- Opção do inquilino: deixar a garagem para o proprietário.
- Opção de ter o inquilino usando a garagem para guardar os móveis dele.

Uma vez que eles tenham todas essas opções em cima da mesa, o inquilino e o senhorio podem ter um diálogo aberto em forma de *brainstorming*. O inquilino fica sabendo que o proprietário gosta de ir para a academia e está à procura de uma. Por acaso, a esposa do inquilino é proprietária de uma academia e pode dar-lhe um desconto de R$ 200 por mês na mensalidade. Eles criam novas opções que estavam fora do negócio e ficam com mais opções sobre a mesa para fazer um acordo. Podem adicionar outras opções, também.

Opção Academia

- Opção de R$ 200/mês, com academia sem custo, gratuita.
- Opções de pagamento de 50% de desconto, portanto, R$ 100/mês.

Eles não têm mais opções a serem criadas, portanto, agora é a hora de colocar as opções de preço na mesa, que podem variar entre R$ 500 até R$ 1.000. Em nossa pesquisa, percebemos que a pessoa que ancora primeiro o valor tem uma melhor chance de acabar com um resultado final próximo de sua ancoragem. Se o proprietário faz a ancoragem primeiro em R$ 1.000, as chances são de que o preço final do acordo fique 20% perto de sua ancoragem, sendo algo entre R$ 800 e R$ 1.000. Nas negociações do inquilino sobre o preço em primeiro lugar, fazendo a primeira ancoragem, as chances são de que o preço final será de 20% no ZOPA, perto dos 500 dólares na primeira ancoragem.

Uma vez que a fixação do preço é feita, entramos na terceira etapa da negociação, a etapa de distribuição de valor. As pessoas, como o jogo queda de braço, vão virar todas as opções em concessão. O senhorio pode fazer uma concessão de um contrato de 12 meses; em reciprocidade, o inquilino vai oferecer-lhe R$ 200 de desconto no ginásio de sua esposa; em reciprocidade, o senhorio vai deixá-lo decorar o apartamento e pagar apenas um mês do valor do aluguel antecipadamente, sem a necessidade de registro de trilha de seu antigo proprietário; em reciprocidade, o inquilino irá oferecer-lhe o uso gratuito da garagem, que tem um valor de aluguel de R$ 100. Em troca, o proprietário vai oferecer ao inquilino um desconto no aluguel de R$ 200, fechando um negócio com um bom pacote, algo que é mais interessante para o senhorio do que apenas fazer R$ 1.000 com um inquilino inseguro. Para este último, vai ser mais interessante fechar um negócio de R$ 700 com pagamento menos adiantado, mais flexibilidade para sair, mais liberdade para decorar, um negócio melhor do que apenas pagar R$ 500 no outro apartamento Plano B, que lhe exigiria mais garantias, menos conforto e um valor inferior.

Toda a beleza da etapa de criação de valor serve para ampliar a exploração de interesses, para facilitar a criação de um grande pacote de opções, que vai se transformar em concessões.

A etapa de criação de valor oferece um momento de inventar conjuntamente o porquê, quadro que leve até aquele "Porque". Se o YES que queremos é o Porquê, o "Como" é o *Obama Care*, e "O quê" são os produtos, leis. Se o "Porquê" da Apple é "Cultura para Todos" e "Pense Diferente", o "Como" é o iTunes e "O Quê" são as opções, tais como iPad iPod, iMac, iPhone, iPad, os tipos de Imac. Quanto mais opções, mais amplo o seu catálogo e maiores as suas chances para combinar uma demanda.

O CEO da Airbus definiu a força da empresa ao fato de ter, no seu catálogo, uma grande variedade de opções de aeronaves. Quando trabalhamos em treinamento na divisão de vendas de aviões da Embraer, percebemos o quanto era importante ter um grande conjunto de opções para construir uma proposta de valor personalizada que corresponda aos interesses específicos de cada cliente. Quanto mais rica a variedade de opções a serem oferecidas, maiores são as chances de se fazer um acordo.

No entanto, é importante ter cuidado com o excesso. Você tem que ter uma grande variedade de opções, mas deve ter cuidado para não ter uma imensa gama de opções, o que pode gerar indecisão no seu consumidor. O outro problema é ter muitas opções oferecidas apenas por uma parte e não pela outra, quando vem para distribuir, você não quer ser o único a fazer concessões, ou colocar muito valor sobre a mesa quando o outro não oferece muito. A propósito, tente fazer um acordo equitativo ou bastante equilibrado no sentido de (6,10), (8,8), (10,8), (9,9) tipos de acordos.

Por exemplo, no contexto de um divórcio, em vez de lutar apenas pela distribuição do capital ou a respeito da guarda da criança, os pais poderiam formular um "como encontrar uma solução justa e a melhor solução para o seu filho". Em vez de focalizar o número mágico de ser 20% ou 50% para a esposa, se a pensão será no ZOPA entre R$ 500 e R$ 5 mil por mês, eles poderiam identificar todos os interesses de flexibilidade, forma agradável de vida, o interesse do pai, o interesse da mãe, o interesse da criança. Um conjunto de opções que poderia ir além dos R$ 500 e R$ 5 mil, além de 20% e divisão de 50%. Por exemplo:

- Comp.artilhar a guarda da criança uma semana cada.
- O pai tem o filho nos fins de semana e mãe durante a semana
- A mãe tem a criança nos fins de semana e pai durante a semana.
- A mãe mantém o cão.
- O pai mantém o cão.
- A mãe mantém a casa de férias.
- O pai mantém a casa de férias.
- Vender a casa e dividir o valor.
- Manter a casa principal da família para a mãe.
- Manter a casa principal da família para o pai.
- Vender a casa principal da família e dividir o valor.

Todas essas opções às vezes podem facilitar o processo de transformar uma luta menos estratégica visando a divisão do capital em 20% até 50% para a esposa, ou definir a pensão em uma faixa entre R$ 500 e R$ 5 mil como parte de um pacote maior, como um conjunto de interesses e preferências, o que pode ser diferente. Talvez a casa de férias tenha um valor muito especial para a mulher, porque representa o local onde ela passou os últimos dias com seus pais antes deles morrerem; talvez o marido ame o cão, preferindo fazer uma concessão de R$ 1.000 apenas para manter o animal com ele. Quanto maior o conjunto de opções, o mais provável será transformá-las em concessões, e maiores serão as chances de se encontrar ganhos mútuos, dividindo o tamanho aumentado do bolo. A criação de valor é a única maneira de manter o relacionamento, dar esperança de que haverá uma chance de fazer um negócio, manter o otimismo e motivação na negociação.

5. Poder. Táticas de A a Z

Dinheiro

Realizamos pesquisa acadêmica atestando que, quando as pessoas veem o dinheiro à sua frente, se elas têm negociação distributiva falando apenas de preço e dinheiro, tendem a achar um arranjo prático, como dobrar a lei sem quebrá-la ou cruzar a linha da moral e ética. Isso porque a ganância torna-se muito mais uma tentação. Estava almoçando com uma amiga top model e ela me pediu para eu esconder o pão da mesa para evitar a tentação. É o mesmo vício compulsivo que tem o alcoólico, viciado em drogas para dormir ou drogas ilegais. É uma dificuldade do ser humano de controlar seu desejo, sua ganância de ter mais fonte de compensação, o prazer. O dinheiro também é viciante, as pessoas que têm R$ 5 mil olham para o seu amigo que ganha R$10 mil por mês. Os que atingem R$ 20 mil pertencem a 5% das pessoas mais ricas de seu país, e não estão satisfeitos, querem ser um milionário. Uma vez milionários, querem pertencer ao 200 mais ricos. É um desejo atrás de outro desejo, sem nenhum senso de temperança. Eike Batista, que era o sétimo homem mais rico do mundo e perdeu toda a sua fortuna e R$ 30 bilhões em um ano, tinha o sonho de ser o homem mais rico do mundo. Começou a ser ostensivo, excessivamente otimista e propenso ao risco. Simplesmente porque o cérebro repleto de dopamina e endorfina bloqueia a capacidade de sentir medo. É uma espécie de anestesia pela amígdala do seu radar/percepção bandeira vermelha. As pessoas se tornam mais gananciosas quando falam apenas sobre dinheiro e não sobre o propósito, e essa é a razão pela qual recomenda-se contratar uma Newgociação e adiar o momento da ancoragem do preço. Primeiro ouvir, perguntar, criar o clima, a confiança, a ligação; em seguida, identificar o porquê, o Sim para, finalment, inventar opções.

B. Sexo

O poder do sexo também é uma fonte incrível de influência. Quando Yann trabalhava na Elite como estagiário, tinha todos os banqueiros e bilionários – os maiores partidos, com as mulheres mais bonitas do mundo – chamando, todas as noites, para serem convidados para a sociedade secreta de John Casablancas. Até mesmo colegas de faculdade que ele mal conhecia chamavam com um sorriso no rosto, pedindo para sair. Yann tinha o poder de ser um casamenteiro, ou ser do lenocínio, ter jantares gratuitos e presentes. Em jantares de negócios em Xangai, levamos modelos e mulheres agradáveis. Os empresários quiseram fazer negócios conosco imediatamente. Não é nenhuma surpresa que as empresas de publicidade usem modelos, mulheres sexy para vender qualquer coisa. Os homens vão querer obedecer à sua sugestão e as mulheres vão tentar fazer como eles. Também é importante entender como a mulher se veste para o homem que deseja ou para fazer ciúme em outras garotas. Se a mulher se veste de forma sexy, é para atrair os homens; se ela se veste de uma forma sofisticada, não necessariamente sexy, é para ganhar o campeonato da elegância contra outras mulheres.

Sabe-se que endorfinas, dopamina e ocitocina estão diretamente ligadas ao desejo sexual e ao orgasmo. Os três hormônios são como drogas do prazer e apego. Eles provocam uma sensação de pertencimento, portanto, as pessoas querem ficar juntas. Caso se tornem obcecadas, podem perder seu poder de autonomia e autocontrole. Hoover, que era o diretor do FBI, tinha fotos e arquivos sobre os vícios de todos os congressistas e mantinha essas informações sobre a vida sexual deles como uma ferramenta de poder, de forma que eles lhe pedissem para não revelá-las.

C. Ego

Na negociação, uma das principais armadilhas é manipular o ego. Você pode ter a negociação de estilo autoritário, com pessoas que têm um ego forte, acham que estão sempre certas e que tem mais valor do que fazem, na realidade. Em geral, tendem a avaliar mais de 20% de um objeto que possuímos. Se você adicionar a isso o que alguns cientistas afirmam, que só podemos mudar em 20% a percepção de alguém, podemos entender a dificuldade de ter o valor certo, ter alguém para revisar a sua crença sem sentir que ela está a perder a face. Em negociação, o excesso de confiança é um desafio gerencial e diário com amigos e familiares. As pessoas estão tão seguras de que o que veem é a verdade que têm um tempo de aprendizagem ouvido. Elas pensam que a preparação e a avaliação são um desperdício de tempo, pensam que estão certas. É uma maneira de massagear o ego, seduzir, fazer elogio, fazer essa pessoa acreditar que ela é a melhor, que ela está certa. No entanto, você também deve ter a habilidade de manipulação para, em seguida, começar a se perguntar sobre questões em aberto. Faça como se concordasse com ele/ela e, então, deixe o ego autoritário fazer a sua própria dedução. Isso deixará de ser um debate entre ele/ela e você, mas promoverá que ele/ela mude de ideia por si mesmo. Ouça, deixando questões em aberto, dizendo: "Eu concordo com você e eu temo que, se fizermos isso, vai acontecer..." Nunca diga "Eu concordo com você, mas eu temo que se""E é melhor que" Mas, além de arruinar todas as suas tentativas de ser bom, vá em outra direção. Você cria uma pausa e não uma curva no diálogo. O Ego faz com que se perca tempo para uma boa decisão: é realmente uma dor lidar com teimosos arrogantes, pessoas mandonas com ego inflado.

D. Força/Ameaças

A primeira fonte de energia é decidir se você quer lutar ou negociar. Se você está com os terroristas ou com Hitler, é improvável que vá mudar a sua crença, que você vai fazer com que se sintam diferentes, por isso, é melhor ir para a guerra, ou se é um conflito internacional com um ditador louco, ir ao Tribunal Internacional ou ao Conselho de Segurança da ONU. Ou como Mandela, diante de um governo racista teimoso, ter a tenacidade para lutar por seu direito e parar o bárbaro Apartheid. Assim, o primeiro poder é escolher a guerra ou o estado de direito, resistir e lutar com força ou com a lei. Você pode querer fazer jiu-jitsu e ter a força e confiança para dizer ao outro "Não faça isso de novo", ou vai assustar o outro e impedi-lo de lutar. Treinamento e preparação são fundamentais na negociação. Os Navy SEALs dizem: "Quanto mais você suar no treinamento, menos você sangra no campo de batalha". É preciso, também, ter a capacidade de treinar seu cérebro e seu corpo, torná-lo constantemente mais ágil e adaptável. O Prêmio Nobel de Economia, T. Schelling, provou em seu livro *A Estratégia do Conflito*, que um negociador pode reforçar a sua posição pelo agravamento de suas próprias opções e que a capacidade de retaliar é mais útil do que a capacidade de resistir a um ataque. Ele também provou que uma retaliação incerta é mais credível e mais eficiente do que uma retaliação certa. Esses insights têm provado ser de grande relevância para a resolução de conflitos e os esforços para evitar a guerra.

E. BATNA e Plano B

Outra fonte de poder é ter um plano B, como mencionamos, a melhor alternativa para um acordo negociado (BATNA). Será a sua salvação, seu poder de barganha para dizer que você tem limite para negociar. Se o outro não chegar perto do preço que você quer ou da proposta que precisa, você tem uma alternativa. Se você não receber o aumento em seu salário para R$ 2 mil/mês, tem outra empresa interessada em contratá-lo por R$ 2 mil/mês. Se queremos um jantar galante e a pessoa não aceita, você pode dizer que vai sair com outra pessoa. Você pode criar o ciúme, a inveja, e esse truque sujo pode trabalhar a favor para fazer com que ganhae a concorrência. É válido ressaltar que esse truque não funciona com quem tem um desenvolvimento emocional afinado.

F. Blefe/Mentiras

Blefar pode funcionar algumas vezes, especialmente para uma única negociação. Mas cuidado, se o outro descobrir seu blefe, ele pode afetar a sua reputação, tentar processá-lo, pode impedir outras pessoas de negociar com você no futuro. Quando as pessoas têm apenas uma negociação que fala de dinheiro, tendem a ter mais malícia, manipular números, fazer omissões, fazer exageros e todo tipo de blefe. Os jogadores de poker são especialistas em blefar, em fingir seus jogos. É também uma forma de provocar o outro –faça-o mostrar seu jogo e será intimidado. O problema com o blefe é que você pode arruinar a confiança no futuro. Leva-se anos para construir confiança e um segundo para destruí-la. Um líder que blefa vai quebrar a motivação de seus funcionários ou de seus clientes.

Quando começamos a suspeitar que há um blefe, tudo o que o outro faz parecerá ilegítimo[24].

Outra tática de manipulação é fazer omissões, ocultar informações. Por isso, é seu dever se antecipar e perguntar-se o que está faltando. Max Bazerman publicou um grande livro chamado *Surpresas Previsíveis*, em que mostra que há um mecanismo de trabalhar em equipe para dividir o foco e questionamento do que é a informação que falta. Vamos mostrar-lhe como a inteligência/comunicação/elementos cognitivos auxiliam nesse processo, como nós treinamos pessoas ao redor do mundo para lidar melhor com a atenção, perspicácia para ver o que está faltando. Cheire o invisível. Da mesma forma que falamos sobre a gestão de expectativas, projeções e especulações, precisamos promover essa capacidade do Newgotiator ter um sentimento de desconfiança, de pedir, verificando. Por exemplo, Estados como os EUA contratam a NSA e a CIA para procurar informações. Verifique você também o que está atrás da cortina, quais são as reais intenções. É uma maneira de confirmar se há conformidade entre as palavras e os fatos. Para ter uma vantagem competitiva quando eles negociaram com Angela Merkel, também a espionaram, assim como fizeram com outros líderes. Warren Buffett diz que, quando contrata alguém, olha para três habilidades: a integridade moral, a inteligência e a alta energia, acrescentando que, se você não tem a primeiro, os outros dois vão matá-lo. Então, olhe para os seus interesses, preferências. O número um é a beleza, ou inteligência ou a integridade moral. Se você colocar a integridade moral como número três, não se queixe de que você está selecionando alguém que vai ser ganancioso, que fará omissões, artifícios e não criará paz de espírito.

---

[24] Se o mercado não acredita no que você diz, você está mal. O IMD de Lausanne e Lausanne HEC tem um grande relatório sobre a competitividade entre as empresas e as nações. Segundo o professor Stéphane Garelli, o nível de confiança em um país terá um impacto direto na sua prosperidade e nível de felicidade. Uma pesquisa realizada recentemente mostrou que países como a Dinamarca e a Finlândia têm o mais alto grau de confiança e, por coincidência, o mais alto nível de felicidade. Se você deseja tornar-se feliz, o seu cônjuge feliz, sua empresa feliz, o seu país feliz, seu mundo feliz, pare de blefar. (*Top Clasesse Competion, How Nations Firms and Individual Succeed in the New World of Competitiveness* , Wiley, London, 2006).

G. Reciprocidade

A tática, da reciprocidade é mencionada por Robert Cialdini em seu livro *The Power of Persuasion*. Significa que, se alguém lhe oferece um presente, você vai se sentir obrigado a dar algum retorno. No Brasil, a palavra quando alguém lhe dá algo é "Obrigado", que significa " Obrigar-se, ter obrigação". Você se obriga a retribuir. Chegou a um ponto em que o Estado teve que baixar normas quanto aos presentes. Uma empresa farmacêutica não pode nem mesmo oferecer uma caneta a um médico, por quê? Porque antes disso, era costume os médicos receberem todos os tipos de presentes de indústrias farmacêuticas. Eles sentintiam-se aprisionados, sentindo-se obrigados a fazer prescrições dos medicamentos daquela empresa, mesmo que isso não fosse explícito. É como uma chantagem sentimental. Muitas empresas c devem recusar presentes que tenham um valor superior a R$ 50, conforme o código de ética da empresa, a fim de evitar conflitos de interesses, favores e corrupção. Nos Estados Unidos fizeram uma legislação para proibir os presentes para o prefeito, e no final do ano, o prefeito deve declarar todos os presentes que recebeu, desde um jantar até uma entrada para um jogo de futebol. O problema das táticas de reciprocidade é que você deve encontrar um limite para o presente, para as propinas, os conflitos de interesse. Mais recentemente, Morgan Stanley está sendo responsável pela contratação de staff de políticos na Ásia. De acordo com Robert Reich, que escreveu o grande livro *Supercapitalism*, o mercado, o negócio está invadindo a democracia, a esfera pública, para comprá-la. Mais recentemente, ele escreveu, em sua página[25]: "As autoridades federais têm apenas obtido documentos confidenciais sobre o programa do JPMorgan Chase, o maior banco de Wall Street, para contratar os filhos da elite governante da China a fim de ganhar o negócio com empresas estatais da China. É uma ofensa grave, mas qual a diferença do programa contínuo de Wall Street de contratação de funcionários do Departamento do Tesouro, a fim de lubrificar as rodas em Washington? JPMorgan pode enfrentar um processo sob o Foreign Corrupt Practices Act, que proíbe empresas americanas de fazer pagamentos a funcionários estrangeiros para obter um tratamento favorável em seus países. Mas por que não existe uma Lei de Práticas de Corrupção Doméstica barrando empresas americanas de fazer pagamentos a funcionários dos

---

[25] www.robertreich.org no post de domingo, 08 de dezembro de 2013.

EUA – doações de campanha, pagamentos em caixa dois para políticos, promessas implícitas de emprego no futuro – para obter tratamento favorável aqui nos EUA? Pelo menos, por que não exigem a divulgação completa de todos os gastos da política corporativa e todas as contratações das empresas de funcionários de departamentos do governo? Porque Washington é muito corrupto para promulgar leis. Nunca antes tanto dinheiro corporativo e de Wall Street foi derramado na capital americana. Nunca antes tantas autoridades de Washington tiveram empregos em empresas, fazendo lobby de empresas, associações comerciais e na rua, imediatamente após deixar o cargo. A corrupção é a corrupção e o suborno é suborno em qualquer país ou idioma é transacionado internamente"

H. Fé

Relacionar-se com alguém que tem a mesma religião, os mesmos valores, as mesmas culturas é uma vantagem enorme para fazer um acordo. Se você pode encontrar maneiras de se converter, ser incluído na tribo, aceito, mostrar que tem a mesma visão, o mesmo por quê, deu um grande passo à frente para convencer e levar a pessoa a fazer um acordo com você. Para as pessoas religiosas, integridade e respeito à lei vem em primeiro lugar. Então a inteligência, então o dinheiro ou poder. Se você negociar com pessoas de fé, pode observar o respeito às tradições, aos rituais, às crenças; caso contrário, você não pode combinar com eles. Talvez você possa se encaixar, eles podem ter tolerância e aceitar a sua diferença, uma maneira de gostar de você, mas eles nunca vão vê-lo como uma combinação perfeita.

I. Bruxaria

Nós trabalhamos com os países africanos, países como o Brasil, a Turquia, Arábia Saudita, França, os EUA. Em todas as nações, observamos a importância do invisível. As pessoas criam talismãs, vão a cartomantes, fazem bruxaria em cerimônia especial para que o outro caminhe para trás, ou algo para que o outro(a) o(a) ame. Em essência, os objetos, fetiches, cerimônias podem ter um impacto real sobre as pessoas de fé. Você pode hipnotizar as pessoas e fazê-las realizar o que quiser. Dê uma olhada em Milton Erickson e Paul Watzlawick, de Palo Alto, a escola que fala sobre o poder de contar histórias para criar metáforas, imaginação e, portanto, transmitir mensagens influentes de forma hipnótica. Você precisa ver, no YouTube, os vídeos do hipnotista canadense Messmer, como ele consegue hipnotizar as pessoas e fazê-las realizar quase tudo o que ele quer. Você pode se assustar com objetos de fetiche, com medo de maldições e mau-olhado, o que faz com que as pessoas assumam posturas sorridentes, cooperativas. Pode também criar obsessões com presentes ou aromas; ou um anexo com palavras especiais ou cartas perfumadas. Todos os truques de sedução com cores, formas, palavras, perfumes, encantamentos, danças, fazer perder o controle, beber, são evoluções modernas da bruxaria. Também podemos brincar com as superstições, as pessoas acreditam nos sinais, portanto, em uma Newgociação, você pode estar atento aos costumes, aos hábitos das pessoas com quem você vai se encontrar e achar que terá sorte ou azar.

J. Influência na Mídia

A nova era digital obriga os Newgotiators a prestar atenção à forma como a informação está disponível e é interpretada. Sua marca, sua reputação podem ser afetadas por rumores da internet, opiniões de jornalistas. As empresas têm sido rápidas em criar ferramentas para controlar os meios de comunicação. Por anos o governo controlou a mídia, sendo dono dela. E cada vez mais, ela é controlada por grandes corporações. Louis Vuitton Moet & Hennessy LVMH é dono do jornal econômico *Les Echos,* na França; General Electric possui NBC. Vai ser muito difícil ver relatos sobre problemas na LVMH no *Les Echos.* A mídia, controlada pelo mundo corporativo e pelo governo, levou o cidadão a perder a fé e a confiança nos jornalistas. Hoje, se eu colocar um suplemento sobre a Newgociação em um jornal ou TV, o telespectador vai confiar menos no suplemento do que comentários de pessoa a pessoa sobre a Amazônia ou a quantidade de curtidas no Facebook. No entanto, um novo fenômeno está ocorrendo, o governo e a sociedade entenderam a mecânica da internet, eles têm um radar que faz com que entendam o fluxo das informações, portanto, podem controlar as disseminações de rumores, em que mídia terá impacto havendo, agora, ferramentas de marketing digital para proteger a sua imagem, prever impactos, fazer o controle de danos[26].

K. Crime Organizado/Corrupção

Na maioria dos países do mundo, a corrupção e o crime organizado têm criado suas próprias negociações invisíveis, como bruxaria trabalhando na sombra e, ainda assim, tendo um impacto real sobre as negociações diárias. Quando Yann foi visitar, no Rio o padrinho da Escola de Samba Aluizio Abrão David, diretor da Escola de Samba Beija-Flor, ele tinha uma carta de recomendação do presidente brasileiro Lula, que na *Revista Carnaval* louvava Aluizio e sua Escola de Samba. Dessa forma, ele tinha legitimidade oficial, embora houvesse suspeita de estar envolvido na indústria de jogos ilegais. Ele tinha um enorme carisma e uma forte personalidade. Depois de mostrar todas as boas ações de responsabilidade social, que ele promove para a sua comunidade com pré-escolas, eventos desportivos e culturais, perguntei-lhe se poderíamos levar a escola de samba para um desfile em Los Angeles. Ele disse o que eu podia, o que não podia, como pagar e quem paga. Yann até falou com o prefeito de Los Angeles e com Quincy Jones para promover a Escola de Samba e a Cultura Brasileira na América. Algumas semanas mais tarde, a Polícia Federal prendeu-o por diversas razões

Alguns dizem que o crime organizado com a corrupção representa 20% do mundo. Isso significa que, em seus conflitos diários, suas práticas, você pode ter que pagar imposto de 30% para o governo, e 20% de imposto para a corrupção.

L. Amor / Empatia / Preocupação / Cuidados

A Harvard Business Review dedicou, em janeiro de 2013, um dossier às empresas que geram a melhor rentabilidade. Elas são as únicas que têm maneiras, formas generosas de tratar as pessoas, e que são amáveis com seus clientes e trabalhadores. Você pode ganhar o coração de alguém com pequenos sinais: as atenções. Como Quincy Jones

---

[26] Nosso professor do colégio HEC Paris, Vincent Ducrey, autor de *Le Guide de l'Influence*, Presidente do Instituto Le Hub, prepara empresas para gerenciar crises, controlar influências. Essa ferramenta tecnológica e de gestão é fundamental por sua influência na Newgotiations com trabalhadores, acionistas, clientes, fornecedores e cidadãos.

disse, o amigo Bill Clinton realmente preocupa-se com as pessoas, o que faz que o outro se sinta importante e, acima de tudo, com que seja lembrado na próxima vez que o virem. O livro vermelho de Clinton, *Giving*, retrata o prazer de ser gentil, generoso, amável, cuidadoso. Eu me lembro, quando estive em Palm Springs para sua fundação, Clinton, e nosso amigo em comum, Alex Avant, nos apresentou. Quando saímos, depois do jantar e da palestra, Bill Clinton, que havia convidado uma cantora para fazer um show ao final do jantar, demonstrou procupação, perguntando sobre o estacionamento e se eu havia gostado da cantora e da música. Por que se preocupar comigo, alguém que ele mal conhecia? A sua consciência, a sua maneira graciosa o levou a me perguntar isso. Que elegância moral!

O jeito que você segura o garfo, a maneira como você mostra uma preocupação em se vestir adequadamente, se você preocupa-se consigo mesmo ou é negligente. Se você se serve em primeiro lugar ou serve o outro primeiro. Se você paga o almoço ou pede para dividir a conta de uma forma que fique bom para todas as partes. Cordialidade, preocupação, cuidados e generosidade voltam para a pessoa, de alguma forma.

Se Adão e Eva representam a gênese de todas as negociações, devemos parar um momento e pensar o que é uma das milhões de fontes de encantamento. Sedução significa inclinar-se para, em outras palavras, ser um vira cabeça. Ricardo Bellino mostrou, em seu livro *Você tem 3 Minutos*, que não temos muito tempo para captar a atenção das pessoas. Se você quer seduzir seu interlocutor, tente antecipar ou investigue quais são os valores dele. Será que ele gosta de alguém e é correspondido? Se trajados em harmonia, falam da mesma maneira, tem assuntos para uma conversa, o que é seu/sua área de interesse. Se ela quer se divertir ou se quer alguém para confiar. Todos esses fatores podem desencadear uma emoção, a estética de uma sensação, algo no sistema límbico, que criou o EU como fator. Eu me sinto bem. Zonas eróticas e erógenas do corpo e do cérebro podem afetar a decisão de gostar de você ou não. Você pode escolher um jantar à luz de velas, rosas, uma boa música, um vestido sugestivo. Você pode escolher se é alguém que gosta da perseguição de optar por um comportamento tímido e silencioso que ele ou ela terá o prazer de ir atrás de você. Você pode ter uma base cultural diferente, gostos diferentes, mas se encaixa para fazer uma viagem (breve) juntos. Perfeição é o inimigo do bom.

M. Autoridade/Hierarquia

Mostrar autoridade é uma forma de impressionar, influenciar e persuadir as pessoas. O único problema é que o patrão nem sempre tem razão, o especialista pode ter conflito de interesses ou cometer um erro, o mais forte pode impor sua visão sem estar certo. Usar a autoridade também pode deteriorar o relacionamento. Ninguém gosta de ser forçado, e comportamentos mandões não são eficazes com os jovens. Independente de quem seja, o presidente, o juiz, o líder, todos podem ser criticados e enfrentar rebeliões. Usando uniformes, com títulos, prestígio, tudo pode provocar ciúme nas pessoas, inveja e raiva por um poder arrogante e coercitivo. Como mencionado no livro *The End of Power*, por Moisés Naim, cidadãos estão agora contestando os governantes. Sejam as revoluções na Primavera Árabe, a rebelião de Snowden contra NSA , atentados à liberdade, isto é *wikiLeaks*. Muitos mecanismos podem equilibrar o poder. Eric Schmitt, CEO da Google, diz como a internet, pessoa a pessoa e comunidades virtuais continuarão impactando a forma como as autoridades têm controle sobre os cidadãos. Há uma maior transparência, busca de poder suave na diplomacia. A cultura moderna da diplomacia, as relações internacionais não são mais a imagem provocante de uma embaixada dos EUA na China, que mostrou um porta-aviões USS Aircraft e escreveu *Toneladas de Diplomacia*. Agora, a diplomacia é vista como uma possibilidade de encontrar um terreno comum e reduzir as lacunas, como o presidente Obama menciona em seu discurso. O uso da autoridade legítima, o uso de advertência com a guerra é também uma ferramenta para alcançar a paz, como o presidente Obama mencionou em seu discurso do Prêmio Nobel da Paz. No entanto, é importante ver as vantagens e também os riscos de usar Autoridade porque a decisão pode ser contestada, levar a reações epidêmicas, e o pior, a uma decisão unilateral feita pela aplicação da lei ou líderes autoritários, o que pode levar a maus resultados. Além disso, quando você estiver em um evento, mostrando que você é o especialista em vinhos, que é o melhor cozinheiro, que é a autoridade em seu campo pode se transformar, de um parceiro em potencial, a alguém que deseja apenas se exibir, o que pode levar ao seu desligamento do outro. As pessoas gostam de pessoas humildes, com autoridade, por vezes, vêm de longe, uma formalidade, um uniforme, não sendo natural e familiar. Usando a autoridade pode ser visto como um esnobe, sem intimidade, como perda de liberdade. Como Júlio Iglesias disse, *L'Amour ne chante bien qu'en liberté* – "Amor canta bem apenas quando está livre". Por isso, pode ser arriscado mostrar o uso da autoridade para seduzir, a menos que o outro goste de obedecer, a menos que ele não goste de responsabilidade e sinta segurança sob um comando. A hierarquia utiliza motivações, como bônus e ameaças de queima para levar as pessoas a se submeterem à sua visão. O uso da cenoura e da vara são muito comuns em organizações para levar as pessoas à obediência e aceitação.

Organizações que lidam com energia, controle e comando, apreciam criação de estrutura e títulos. O militar trabalha em cima de uma hierarquia geral, coronel, sargento e assim por diante. O objetivo é ter a última palavra, a responsabilidade. No máximo, o superior pode receber um feedback, mas nunca uma ordem. As empresas, às vezes, tentam remover toda a pirâmide vertical de poder e torná-la mais horizontal. Podem colocar o cliente no topo, e o vendedor no nível mais baixo, na base da gestão, invertendo a linha de força. Outras empresas preferem o pequeno, é bonito, com pequenas unidades autônomas. E ainda algumas, como a Shell, criada para ser uma auto-organização com uma rede de trabalho distribuído como um cérebro de forma descentralizada. No entanto, o uso da autoridade e da hierarquia continuou a ser algo poderoso, levando a fazer o balanço da negociação e ir a favor do mais poderoso estado/hierarquia/autoridade. O problema é que o chefe nem sempre está certo, ele pode tomar decisões estando cego ou decidir com informações incompletas. Como a NASA, que não previu o risco de um parafuso que podia causar a explosão de sua nave. Alguém havia previsto isso, mas não foi ouvido e, então, a catástrofe aconteceu. A arte da boa governança é a criação de um triângulo perfeito entre o executivo, a consulta participativa/democrática e os especialistas. Muitas vezes a maioria, os *pools* e o mercado, têm o poder e tomam uma decisão ruim, por isso, em muitos países, temos programas idiotas na TV em horário nobre; é por isso que, às vezes, a maioria vota em executivos pobres ou líderes políticos. Na China, a meritocracia dá mais valor para o especialista competente, que pode ser consultado ou tornar-se o líder do executivo. Pelos valores ocidentais, torna-se líder pela maioria popular. Tanto o Ocidente como a China podem aprender um com o outro como tornar-se um grande triângulo de governo. O livro notável do meu amigo Nicolas Berggruen e Nathan Gardel, *Smart Governance for the XXIst Century,* mostra isso.

Na China, as negociações tendem a ser mais de cima para baixo, o líder toma a decisão; no entanto, todas elas são qualificadas e validadas por especialistas.

N. Capital Social

Enquanto eu ensinava na Universidade do Sul da Califórnia, foi eleito o "número um" das Relações Públicas nos EUA. Tenho ensinado a importância de cada um ter a sua rede de relações, seu network, mas não um grupo ao qual você se junta por uma finalidade ou utilidade, e sim porque se sente bem e gosta de estar com eles. Na vida, já tive tantos companheiros e conhecidos, mas nunca fiz negócios com eles. Manter, apreciar, saber que estavam felizes e estar atualizado sobre a existência da vida. A maioria do capital social real que eu criei são links, pessoas que coloquei em contato um com o outro, nunca pedindo compensações, pelo contrário, apenas dando, estabelecendo contatos, desfrutando da companhia. A maioria das pessoas vão para a rede e não se importam, trocam cartões de visita com qualquer um, com quem quer que seja. O segredo está realmente em estar com as pessoas que você gosta, de quem cuida. Ter cinco mil amigos no Facebook não tem valor, pois nenhum deles irá visitá-lo no dia em que você estiver no hospital. A criação de redes sociais é a maior fraude, porque é mais parecido com um aeroporto de viajantes solitários. Estão no mesmo espaço, fazem comentários e ligações curtas, mas, de fato, não se comunicam.

O sociólogo Robert Putnam mostra, em seu grande livro *Bowling Alone. The Collapse and Revival of American Society*, a falta de vínculos, a falta de motivação para participar de encontros e a solidão. No entanto, ele também mostra o valor e o prazer de reunir-se, sem ver o outro como o inferno, mas a fonte do diálogo como um novo tipo de diversão ou lazer. Por exemplo, o ensino médio (EUA) teve problemas de acidentes rodoviários com seus alunos. O diretor do ensino médio reuniu polícia, pais, cirurgião do hospital local, fabricante de bicicletas, fabricante de sinais de estrada. Todos, juntos, encontraram soluções criativas para reduzir em 305 o número de acidentes em todo o ensino médio e conseguiram reduzir, também, a gravidade dos acidentes. Entendemos que a colocação de capital social no trabalho tem um poder fantástico.

O . Imitação

As pessoas podem ser influenciadas para imitarem o que a maioria faz. Os tipos controladores gostariam de ser normais, eles odeiam se sentir diferentes, especiais. Compram um livro que todo mundo aprecia, gostam de fazer parte da maioria, ou comprar uma parte de todo o mercado de compra. Terão a tendência em seguir bolhas de especulações, nunca serem os pioneiros ou os escoteiros corredores de frente. Então, você vai influenciar este tipo de pessoas, mostrando dados de grandes números, de tendências. A regra da maioria, a coalisão política, são meios para obter decisão com truque coercitivo.

Se ela quiser comprar roupas, você deve dizer que está na moda e que todo mundo está comprando. Você pode identificar, nesse tipo de pessoa, a maneira de se vestir, pois pode gostar de uniformes, marcas, e sempre fazer referências a um *best-seller,* àquele que a maioria das pessoas está falando, ou, até mesmo, ser um seguidor no Twitter. Pessoas que gostam de comportamento mimético, que imitam outras, gostam de ficar na sombra e não gostam de incerteza e risco, portanto, elas preferem esperar para ver. Elas são como os controladores, sentem uma sensação de conforto e segurança com qualquer coisa que for estabelecido, reconhecido, rotulado, padronizado e comum.

P. Transparência

Cada vez mais o consumidor, o usuário que seja, quer trasparência para eliminar a corrupção e os conflitos de interesse. Esconder situações cria dúvidas. O dilema do newgociador é quanto sobre o jogo, deve ser aberto. O que a Newgociação fala é de abrir o máximo possível, desde que não se transforme em autolesionismo. Se alimentamos corretamente as etapas da informação, da criação do valor, então já teremos uma estimativa de quão podemos confiar no outro e de quão podemos realmente nos abrir. Se confiamos no processo de relacionamento e construção de newgociação, podemos ser transparentes, pois estaremos na fase da co-operação e cocriação. O momento da ancoragem do preço, ao contrário, requer o chapéu de competição.

Q. Grau de Dependência

Você pode calibrar seu poder de negociação com a compreensão do grau de dependência do outro em relação a você. Se você está contratando um novo funcionário que tem um empréstimo de estudante, que está à procura de um emprego nos últimos seis meses, ele virá para a sua entrevista de emprego com uma forte pressão sobre si mesmo, desesperado para encontrar um emprego. Não é desejo, é necessidade. E se ele não conseguir esse emprego, vai custar-lhe muito pagar o aluguel e seu empréstimo. O poder de um negociador depende do custo de não fazer um acordo. A alavancagem também é a sua margem de negociação, especialmente quanto ao cumprimento do que é possível e do que não é possível negociar.

R. Intuição

Aprender fazendo é a essência da escola da vida. É impossível ter um professor que explique a intuição, que possa conceituar a intuição sem você estar em treinamento para ter e desenvolver intuições. Você pode desenvolver suas habilidades de intuição com muitos exercícios de percepção, atenção, vigilância aguda aos detalhes, experiência de situações analógicas. Você pode se lembrar do filme *Pearl Harbor*, com um militar explicando a seus superiores que ele acredita que os japoneses vão atacar no meio do Oceano Pacífico, em Pearl Harbor. Seus superiores lhe perguntam o que o faz dizer que isso, que essa interpretação parecia irrelevante. Ele explicou que viu o movimento de barcos, as ondas de rádio, um conjunto de detalhes de um quebra-cabeça que o fizeram dizer isso. Seus superiores dizem que é apenas uma intuição, um pressentimento e, portanto, não consideraram. Eles estavam errados! Em seu livro *Fontes de Energia*, Gary Klein explica a importância da atenção plena. Durante nossos treinamentos de Newgociação, criamos jogos de vídeo que visam a melhorar essas habilidades. Como mencionamos anteriormente neste livro, o FBI, os funcionários aduaneiros dos EUA, são treinados para detectar qualquer anomalia facial no comportamento de um suspeito. Eles podem identificar se o seu interlocutor está envergonhado, inventando uma história ou com medo, porque tem algo a esconder. Desenvolver competências de intuição está no cerne da vantagem competitiva em Newgociação, e, de fato, é uma fonte de poder. Ouça o seu corpo, a sua voz interior, deixe seu sentimento interno falar.

S. Tática do Salame

A tática do salame é outra ferramenta de negociadores com estilo antigo usada para manipular as pessoas. Consiste em fazer a negociação e, como último passo, fazer o outro fazer uma pequena concessão. Então, você corta o salame fino, e o outro não sente a dor de fazer concessões. Júlio César costumava dizer que o contribuinte é como uma ovelha, você tem que cortar toda a sua lã sem fazê-lo sangrar. Na ação, é como o governo aumentar em 1% o imposto sobre o seu telefone celular, 2% sobre o vinho importado, 1% em roupas. No final, você percebe que o valor acrescentado tributado passou de 17% para 20%, sem você sentir. A tática do salame pode ser usada quando você vende um carro. O potencial comprador pede uma pintura cinza metálico, que é R$ 100 mais caro. Em R$ 10 mil, você acha que um desconto de R$ 100 não é um grande problema. Em seguida, o comprador volta, uma semana depois, com a esposa, que quer os bancos de couro, cujo custo é de mais R$ 100, e o cliente quer comprar o carro pelo mesmo preço inicial. Você aceita, pois afinal, a diferença não é tão grande assim. Um mês depois, ele lhe pede R$ 100 de desconto no custo de manutenção. Se você acabou de fechar o negócio, depois de três meses de negociação, pode não ter percebido que, passo a passo, você deu $300 de desconto, o que é muito quando não há nenhuma contrapartida do cliente.

T. Última Tentativa

É mais um truque sujo no repertório de jogos de poder da negociação tradicional. Você negociou por um bom tempo, está pronto para fazer um acordo, e no último minuto, a outra parte lhe diz que não pode assinar, pois seu pessoal está pedindo um desconto de 10%, por exemplo. Você se sente revoltado porque havia acordado as condições iniciais, e de repente é separar o negociador do decisor. Uma maneira de contra-atacar: "Da mesma forma que seu pessoal acha que é muito caro e quer um desconto de 10%, eu estou com meu pessoal aborrecido comigo dizendo que o que eu lhe dei como preço deveria ser 10% mais alto. Então, se podemos dizer que uma coisa pode ser submetida à renegociação, tudo vai ser renegociado. No entanto, eu não tenho certeza de que, pelo seu interesse e pelo meu interesse, devemos permanecer acordados". No pior cenário, você pode dizer: "OK, você queria comprar 100 peixes por R$ 100, você pode comprar 110 peixes por R$ 100. Você poderia pelo menos manter o valor em dinheiro e vender alguma coisa a mais. No entanto, esse tipo de tática tem um impacto negativo sobre o relacionamento, porque parece que o único que faz isso, o último lance, está lhe chantageando, colocando a faca em sua garganta. A pessoa se sente como uma estratégia do tipo "pega ou larga", o pior de tudo, isso prova que o outro não tem liderança e nenhuma palavra: ele não pode ser confiável. A última proposta é também o princípio de um leilão. Há um grande livro do nosso Programa de Harvard de Negociação, da colega Guhan Subramanian, chamado *Negoauction*. Leilões são uma ferramenta poderosa para *commodities*, estereótipos muito fáceis de reconhecer, de vender e comprar. Ebay, Wall Street têm sido bons contextos para melhorar a velocidade, a probabilidade, a identificação e a busca de produtos com tecnologia da informação. No entanto, as operações são, muitas vezes baseadas em pesquisas e na negociações de preços. Muitas vezes, isso leva à irracionalidade do mercado, tais como *dumping* ou bolhas de especulações. Outra irracionalidade é quando as pessoas fazem grandes lances em leilões de arte; querem tanto ganhar do outro que se esquecem do valor real do quadro, comprando o objeto por um preço irracional.

U. Desprezar

Contando quantas pessoas participaram de nosso cursos, ficou claro que a arrogância, que às vezes usam, faz parte de uma comédia para encontrar um senso de respeito. Muitos juízes tratam os advogados com um certo desprezo, para não dizer desconfiança. Ensinando cerca de 10.000 juízes e advogados nos últimos doze anos, perguntamos: "Por que você deixa um advogado esperando horas no corredor para falar com você e, quando finalmente o recebe, pede para ele continuar a falar enquanto você pega o seu telefone celular?" Ele disse que era um teste para ver se o advogado tem autoestima e integridade. Se ele está disposto a perder a sua dignidade para ganhar o caso, vai mostrar que pode fazer qualquer coisa para ganhar, incluindo a mentira. Então, você não quer escalar ou colocá-lo para baixo e perder o respeito. Você não quer tomar uma postura agressiva, arrogante com o juiz. A melhor maneira é ter uma liderança calma e assertiva, a forma como Dog Whisperer Cesar Millan sugere aos proprietários do cão. Você pode ter vontade e força para olhar para o outro e dizer: "Não faça isso de novo", ou "Eu respeito você e temos elegância moral, eu sinto que você está me desrespeitando". "Podemos começar de novo com o pé direito?". Uma vez, uma executiva da Eletrobras contou que chegou para uma reunião marcada com um cliente às 15h, mas o cliente não estava disponível para recebê-la. A assistente a convidou para sentar-se e tomar um café. A executiva da Eletrobras respondeu que preferia ficar alí mesmo, esperando pelo cliente. Com sua postura e maneira educada, calma e assertiva, ela fez uma pressão e um sinal para a assistente de que ela não estava ali para ser passiva ou em uma posição inferior. A linguagem corporal é fundamental, também, para restaurar um senso de confiança e respeito. Depois de dez minutos, o cliente não tinha aparecido e a assistente começou a sentir vergonha de ver a senhora da Eletrobras ainda de pé. Ela insistiu para a executiva se sentasse e tomasse um café, mas esta última tomou a liderança e recusou a oferta, dizendo que estava ali no horário marcado para o encontro, e já eram 15h15. Ao fazer isso, ela colocou pressão sobre a assistente, que se sentiu envergonhada. Ela não poderia chamar o seu chefe na frente da senhora Eletrobras e foi para o seu escritório. Voltou, um minuto depois, dizendo que ele pediu desculpas e que ela seria recebida de imediato. Essa tem sido uma estratégia não verbal astuta para restaurar um sentimento de respeito e liderança, sem ser rude.

Pode ser difícil um amor rude, mas continue a ser educado e elegante. Você nunca deve perder a linha com gírias ou linguagem corporal agressiva com pessoas que usam estratégia de desprezo.

V. Terror/Pânico

Há outra tática de coerção que pode forçar o outro a fazer o que você quer. Cria também emoções destrutivas, arruina relacionamentos. Consiste em assediar alguém, no limite que a conformidade local tolera. Uma amante pode chamar sete vezes por dia, fazer *stalking*, insistir, ser embaraçosa e constrangedora. Ao final, a outra pessoa perceberá o assédio moral autoritário e obsessivo, querendo ser o sedutor. É como faz o anúncio constante de publicidade na TV e você acaba obcecado, fica "louco". Provocar ultrapassando a linha de lutas, usando palavras de baixo calão, impróprias e gritos. Tudo para fazer seu cérebro ficar confuso, hipnotizado, não sabendo o que fazer. Cria-se esse tipo de confusão quando há possibilidade de inibir o outro, que acaba não sabendo se deve responder, ir ao tribunal ou gritar com você, e sua mente torna-se pronta para receber injunções. Criação de confusões, paradoxos, sentimentos contraditórios de ódio e amor, tudo que invade o cérebro límbico, o modo de autodefesa; abre-se caminho para a criação de uma paixão, uma reação compulsiva.

O *bullying* na escola é também bastante comum. Temos treinado, em muitos países, professores do ensino médio para prevenir a violência e o *bullying*, que é um processo para excluir, zombar. Ao fazê-lo, o *buller* espera obter submissão e, em contrapartida, liderança. O adolescente se sente oprimido, abandonado, especial, e tem emoções destrutivas, como o ódio, a vergonha, o medo.

O assédio moral pode consistir em fazer piadas públicas, humilhações a tal ponto que o grupo busca um bode expiatório para encontrar unidade e lidar com a violência. Segundo René Girard, a origem da violência, muitas vezes, vem de uma escarificação inocente para criar a unidade do grupo. A violência também vem de rivalidade mimética, que consiste em ter inveja para destruir o outro, ter sua posse para ter mais do que ele. Organizar pânico também é uma ferramenta tática para que as pessoas façam o que se espera delas, criar consumo impulsivo. Olha como as pessoas reagem ao *Black Friday*, correndo como loucos para comprar com desconto, mas com em quantidade limitada. Ao dizer que há escassez, que só alguns felizes serão salvos ou serão vitoriosos, as pessoas estão criando humores excessivos.

Fizemos uma experiência em negociação de negócios. Um grupo deveri usar linguagem abusiva, como "Você é gostosa", "Você é barato", "Seu produto é uma porcaria." Exageros, gírias, podem ser tão chocantes que é descartada qualquer possível alteração para fazer um acordo. O grupo que usou gírias e demais expressões, 20% por cento, fechou negócio. O outro grupo, que não usou esse palavreado, teve 80% de resultado para fechar negócio.

W. Humor

Humor é, naturalmente, uma grande estratégia para cativar e ser encantador. Aos nossos alunos ensinamos a etiqueta para serem divertidos e nada chatos durante as suas apresentações. As pessoas costumam chamar de carisma, e nós, de uma capacidade de iluminar a parte do cérebro que faz as pessoas se sentirem positivas e entusiasmadas. Se você fizer as pessoas sorrirem e sonhar, pode ter certeza de que a sua negociação vai bem. Você pode ter um repertório de piadas que se adequam a muitos contextos diferentes. Assim, em nossos treinamentos fazemos práticas pessoais, contação de histórias e shows de comédias. Não há nada que cause mais aborrecimento do que estar em um local de trabalho com reuniões secas, olhar frio, sem paixão, sem encantamento, sem prazer. Na tomografia e na Ressonância Magnética (IRM), essas áreas do cérebro seriam de cor azul e verde, ou seja, tédio e tristeza.

X. Inveja /Ciúme

Inveja e ciúme são potentes motores de poder e fraqueza em negociação. Basta a criação da inveja para que, facilmente, seja gerado um conflito. Basta pensar em dois irmãos que podem lutar anos a fio por uma colher de prata ou um vaso chinês da avó que morreu. Eles até que não se importavam muito com o objeto, mas a vaidade e o prazer de obter mais do que o outro desencadeou o conflito. É preciso tempo para criar uma nova geração de negociadores que entendam que é melhor perda/perda com dez milhões e a outra com 11 milhões do que ter dois milhões e o outro um milhão. A maioria das pessoas ainda prefere privar o outro e ficar com mais.

Mais uma vez, o aprender fazendo é fundamental. Temos jogos de simulações, treinamento com situações no Ring que fazem você sentir corporalmente a inveja, as emoções destrutivas de raiva ou agressividade. Robert Mnookin publicou um livro excelente, *Beyond Winning*. Claro que precisaremos de mais tempo para criar gerações que entendam o valor da vitória compartilhada. Com Newgociação, estamos no caminho certo. Também temos que trabalhar sobre a fisiologia da inveja e dos sentimentos tóxicos. Agora há mecanismos para apagar a impressão/substância no cérebro de um trauma[27], o que faz com que a dor fique menos presente. Além disso, podemos trabalhar em nossas entranhas, praticar desporto, nos alimentar-mos corretamente, pois o nosso sistema digestivo cria 90% da serotonina, a nossa capacidade de ser feliz. E quando sentimos "borboletas" no estômago, o medo, existem maneiras de bloquear essas emoções destrutivas. Uma solução é fugir, outro é praticar esportes, outro é sair com alguém positivo, para cessar a dor com as fontes de prazer.

---

[27] Para saber mais sobre o trauma, veja: www.traumatemcura.com.br.

Y. Bom Policial / Mau Policial

Há uma tática clássica de negociadores para colocar em prática o lado cooperativo e competitivo de negociação juntos. Essa estratégia não ajuda a construção de relacionamentos. Imaginamos, em uma entrevista de emprego para contratação, haver uma pessoa posando como o bom policial, aquele que gosta do seu currículo, faz elogios, joga como seu amigo, diz que está interessado em contratá-lo. Por outro lado, outro colega interpreta o mau policial, assume um olhar frio, apresenta-se como um peixe frio, muito crítico, fazendo ameaças, dizendo que há um grande número de candidatos e que não sabe se você ao menos se iguala, ou até mesmo se está apto ao cargo. Ele diz que vai ver, que não sabe, pagamento difícil! Você não sabe o que olhar, se deve concentrar-se no agradável bom policial, que já está convencido do que ele quer ou se deve tentar mostrar o seu melhor para seduzir, ou ser apreciado pelo mau policial. A chance de que você vai convencer o policial ruim é nula, porque ele trabalha de uma forma autoenganada, ele sabe que deve criticar qualquer coisa que você disser. O bom e o mau policiais planejaram essa entrevista com antecedência, querendo que você se sentisse vulnerável, fraco, com a confiança perdida, sentisse desespero, diminuindo, até mesmo, a sua expectativa de reivindicação salarial. E criaram, por vezes, uma situação embaraçosa, pouco à vontade. A melhor maneira é assumir uma atitude e, de uma forma lúdica, quebrar o gelo dizendo que você espera que eles não estejam jogando o bom e velho truque do bom policial e mau policial. Você diz que pode resolver a questão do preço, ou qualquer dúvida de uma maneira mais franca e clara do que jogar jogos. Dirão que você tem um bom currículo, mas que gostariam de reduzir a oferta de salário. Esse fator de confiança pode ajudar, convidando para a opção, como o bônus e outras regalias que poderiam possibilitar equilibrar a quantidade fixa de seu salário. Outra maneira de lidar com essa estratégia, um truque sujo de bom policial / mau policial é antecipar. Você pergunta, antes de ir para a reunião, quem vai estar lá. Se for Mr. X, que você conhece e é cooperativo, pode esperar que o resultado será positivo. Você pode aprender que Maria também pode estar lá e aí, você sabe, será difícil estar preparado para momentos de bom policial e mau policial. A fim de superar o obstáculo, uma vez que você identificou o momento do bom policial e o do mau policial, pode ser que queira trazer alguém com você, um agente, um advogado, um colega. Ele vai passar por ser o mau policial. O Sr. X e o Sr. Y vão chegar à mesa de negociação, provavelmente vai começar a critica em relação à sua proposta de valor, sobre o seu currículo, ou qualquer coisa que você tenha enviado. Deixe o seu mau policial assumir a liderança. Com um jeito seco e olhar frio, ele vai rebater a estratégia do Sr. Y mau policial, criticando a empresa, sua visão, a falta de juízo. Como o senhor Y é resistente e tem o ego arrogante, ele pode escalar o seu mau policial também. Depois de dez minutos, haverá um mau humor na sala, um silêncio gelado. Sr. X pode se surpreender com a situação tão ruim com um impasse, e críticas mútuas. Com toda a probabilidade, se ele pediu essa reunião depois de receber a sua proposta, ele tinha algum interesse em fechar um negócio com você. No entanto, de repente parece que não vai acontecer. Isso acontece quando você toma a iniciativa e sugere o que o nosso colega do Programa de Negociação de Harvard chama de "pare e vá para a varanda". Você terá a oportunidade dessa pausa para o café, ou então para ir falar com o Sr. X o bom policial e dizer: "O cara é muito duro e com ele nós nunca vamos chegar a lugar nenhum." Sr. X pode responder: "Sua cara é difícil mesmo, ele é um arrogante". Você pode reconhecer isso e responder: "Eu concordo com você, com esses dois caras na nossa mesa nunca vamos ir adiante. Se parar a reunião rapidamente, então você e eu nos encontramos, só nós dois, na próxima semana e resolvemos pacificamente o nosso problema". É muito provável que o Sr. X reconheça o impasse e, da próxima vez que ele encontrá-lo, queira compensar a relação manchada sendo agradável e mais cooperativo. Você olhou o canal não cooperativo de comunicação levando a um conflito e mau relacionamento. Você abriu um modo de resolução de problemas transparente, o que ajuda, segundo a psicologia positiva, emoções positivas e, portanto, relações duradouras, honestas e felizes.

Z. Monopólio

De acordo com o professor Robert Reich, de Berkeley, empresas como a Amazon estão trancando o consumo online. O mesmo acontece com a Apple, que está fechando o acesso ao telefone celular em sua plataforma, Netflix com filmes sob demanda, o Google para pesquisa online, Facebook para redes sociais. A fusão definitiva entre Warner e Comcast Box, que irá concentrar todo o acesso por cabo. Cada vez mais, grandes corporações estão criando o poder de limitar o número de alternativas para o consumidor. Isso é chamado de monopólio, e se os governos tiverem liberdade suficiente, poderão regular esses monopólios usando leis *antitrust*. Como o lobby é muito influente em todo o mundo, no mundo corporativo e invade a esfera pública, os consumidores estão se tornando as vítimas desses novos tipos de cartéis ou de concorrência monopolística, que quebram a existência de BATNA. Há também monopólios do Estado, como na China, Brasil, França, com empresas de eletricidade, que são propriedade do Estado e em situação de concorrência monopolista. A dinâmica da negociação mundial se move em termos geográficos e de acordo com as diferentes indústrias. Ações coletivas podem ser uma forma de lutar contra o exagero do desequilíbrio de poder, desde que as leis criadas permaneçam justas e equilibradas[28].

3.5 A Comunicação

Quando você tem que lidar com um autoritário, que tem todos os tipos de fontes de energia, você pode querer usar um elemento diferente desse poder. Use a comunicação. É uma maneira inteligente de respeitar a sua autoridade, seu ego, e algum tempo para levá-la para outra direção.

Metáfora / Hipnose

As pessoas que têm egos fortes, pessoas que são tendenciosas no julgamento, têm naturalmente resistência à mudança. Use alguma metáfora para influenciá-los. Uma boa solução é hipnotizá-los por meio da criação de um estado de espírito, uma sensação de conforto, fazê-los imaginar, sonhar. A Escola de Palo Alto, mencionada anteriormente, com Milton Erickson e Paul Watzlawick, deu um bom exemplo de como hipnotizar. Lembro-me do exemplo de um CEO que estava com câncer. Ele não queria seguir o conselho de seus médicos, que recomendaram uma quimioterapia. Ele era teimoso, determinado a controlar e manter o poder de decidir sobre o seu próprio destino, e optou por não fa-

---

[28] Você pode querer ver o *House of Cards*, mas leia Robert Reich, *Supercapitalism*, sobre governança moderna, e verá que a força do movimento cidadão pode vencer as políticas do lobby e os jogos ocultos do poder. A justa governança está em processo e alguns a chamam de nova ordem mundial, outros de governança equilibrada entre autonomia e controle, um autossistema autopoiético organizado e co-construído como as duas mãos projetadas na pintura de Escher. Você pode querer ver o House of Cards, mas leia Robert Reich, Supercapitalism, sobre governação moderna, a força do movimento cidadão pode ganhar a política do átrio e jogos ocultos de poder.

zer a quimioterapia. Apesar da insistência de sua família, fazendo uma chantagem emocional, chorando, implorando para seguir o tratamento, ele se recusou categoricamente. A equipe médica veio com dados, estatísticas que provavam que ele tinha chances de ser curado se fizesse o tratamento doloroso. As normas, regras, procedimentos que levam ao sucesso não o convenceram. Ele estava deitado em uma cama, não tomava o medicamento, mal comia e bebia e disse que estava pronto para morrer. Normalmente, quando as pessoas têm câncer, desenvolvem uma curva de emoções destrutivas. Começa com o medo, quando descobrem a doença, depois vem o desespero, a ira com a renúncia, em seguida, a raiva sobre o seu destino, então, eventualmente, eles começam a lutar e olhar para a recuperação. O CEO ficou na fase entre o desespero e a raiva. Como ele não queria ter uma chance, o terapeuta foi visitá-lo e disse: “Eu reconheço e respeito a sua decisão de não ter uma cura e querer morrer. Estou aqui para diminuir seu sofrimento ao longo do caminho com uma solução paliativa. Eu não vou discutir com você, como a equipe médica e sua família fizeram. Para o paciente, foi uma súbita surpresa ao ver, finalmente, alguém respeitando-o, obedecendo à sua liderança. O terapeuta então lhe disse: “Então, vamos falar de outra coisa, temos um belo dia de sol e a primavera está chegando. Você já viu a cor verde das árvores florescendo? Eu sei que você gosta de jardinagem, não é? O paciente respondeu: “Sim, eu costumava gostar”. O terapeuta, tendo premeditado todo um cenário, fez o seguinte trabalho: trouxe uma cesta de frutas e legumes que havia deixado, de propósito, na sala da enfermeira, ao lado do quarto. Disse ao paciente: “Eu amo jardinagem, e, a propósito, se você gosta de jardinagem, eu vou lhe mostrar os frutos e legumes do meu jardim que eu trouxe para a minha equipe da enfermagem, ok?” Ele então trouxe a cesta de frutas e vegetais na cama do CEO teimoso. O terapeuta deu um pêssego para o paciente. Ele disse: “Cheira bem? É do meu jardim! O terapeuta conta que sua mãe estava fazendo uma deliciosa torta de pêssego. Se de repente, pudéssemos tirar uma foto em ressonância magnética de seu cérebro, iríamos visualizar a área verde que ganha desespero e a área azul ganhando raiva. Com o prazer do cheiro do pêssego, lembrando bons momentos da infância, poderíamos visualizar uma área vermelha no pré lobo frontal ganhando prazer. Ao acionar propositadamente a área de lazer, recriando imagens agradáveis, o terapeuta foi realmente mudando a energia e o estado de espírito do paciente. Então, aquele pegou um tomate e o colocou na mão deste último, dizendo: “Você vê este belo tomate vermelho, vem de longe.". O paciente perguntou: "O que você quer dizer?". O terapeuta respondeu: "Lembre-se que há dois meses estava nublado o tempo todo e não chovia? Eu saí de férias, fiquei fora um mês, coloquei muito adubo na minha planta de tomate, mas, sem água e sem sol, quando voltei tudo estava seco e curvado. Tirei metade do fertilizante, coloquei água todos os dias na minha planta de tomate e, por acaso, o sol também voltou, permitindo que a minha planta fose revitalizada. Enfim, eu sou chato com minhas histórias. É hora de ir. Você pode querer tomar morfina se doer muito, e eu espero vê-lo na próxima semana! Adeus! O médico jogou, com distração, quase descuidando, mas ainda agradável. Isso tudo era cena, é claro, uma metáfora para fazer o paciente entender que ele estava morrendo, como o tomate, mas que poderia encontrar de volta a sua saúde e renascer como uma Phoenix.

3.5.2 Como Causar uma boa Impressão em Três Minutos

Quando você for se encontrar com uma pessoa, pode antecipar se você vai provocar aceitação ou rejeição. Da mesma forma que a preparação é fundamental em qualquer negociação, o será também para um encontro de qualquer natureza. Saber sobre o estilo de vida, a cultura, os hábitos, os valores será fundamental nos primeiros três minutos para criar o *rapport;* isso é a sensação de sincronização entre duas ou mais pessoas, porque elas se relacionam de forma agradável. Se você for a uma reunião em um país onde as pessoas são muito formais, verifique se o seu interlocutor tem as formas de seu país ou não. James Salacuse escreveu uma pesquisa, *The top ten ways that culture can affect your negotiation* – O quanto a cultura afeta sua negociação. Por exemplo: a partir de nossa pesquisa, treinamentos na China, Nigéria, Japão, França, EUA, Canadá, Brasil, Espanha, Portugal, Dinamarca, Rússia e Alemanha, encontramos algumas tendências e motivações distintas. Um nigeriano, por exemplo, prefere as negociações verticais, de cima para baixo. Na China, o negociador prefere ter um intermediário que conhece sua rede a fundo e que seja um homem de sua confiança. A França focará no seu status social, cargo, diploma universitário. Para os americanos, dependendo da empresa, serão muito formais, ou então muito familiares.

Ao visitar um prefeito no Brasil, sendo ele de qualquer partido, você não precisa ser ou dizer que é do mesmo partido, mas use a mesma linguagem e mostre os objetivos em comum. Publicamos, com Lawrence Susskind, *Quando a Maioria não Basta*. Se você vai a uma reunião de algum órgão público com uma bolsa Vuitton, saltos altos, perfumada e maquilada, poderá chamar a atenção de forma não muito aceitável. Haverá rejeição a qualquer sinal de valores contrários, como modo de se vestir ou sofisticação que não faça parte dos valores daquele grupo. Por isso, é muito importante conhecer a cultura da organização, do país, do indivíduo com quem você vai tratar para evitar qualquer gafe.

Além disso, se é verdade que 80% da comunicação é não verbal, para demonstrar segurança você pode querer colocar a mão sobre a mesa – como vimos, esse é um gesto que transmite segurança – preste atenção nas unhas, certifique-se de tê-las sempre limpas, pois isso mostra que você se cuida. Se você tem um jantar de negócios, um encontro social, cuide das boas maneiras. A maneira como as pessoas comem contam tudo sobre a sua origem social, sua elegância. Como Yves Saint Laurent, o estilista, costumava dizer na época em que eu trabalhei na Semana de Moda de Paris, "elegância é o que você não percebe". Portanto, evite coisas chamativas, gestos exagerados, e sim, use a sobriedade, a gentileza e a cortesia, que são a chave para causar uma boa impressão!

Em termos profissionais, toda a preparação é também criar um estado de espírito. Escolher o local de uma reunião é fundamental. Uma vez, em uma reunião com Pascal Lamy, ex-presidente da Organização Mundial do Comércio, ele, que é sempre muito meticuloso quanto ao local onde os negociadores irão negociar, pediu, em um país asiático em que todas as paredes estavam pintadas de vermelho, que a cor fosse mudada para outra, verde ou azul, para tornar o clima mais plácido. Como imaginar passar quatro dias negociando com cores tão apaixonantes e agressivas?

Se você não é muito hábil em usar a tecnologia nas suas apresentações, como o PowerPoint ou o Keynote, contrate profissionais ou especialistas para ajudá-lo. Não há nada pior do que uma apresentação que pareça amadora. A apresentação mostra como o seu produto e os conceitos foram preparados. Você deve, portanto, providenciar um material impecável para que as pessoas gostem e entendam o que você diz. Em nosso treinamento de apresentação do negócio, insistimos onde colocar o logotipo, a forma de lidar com as imagens, e não sobrecarregar a apresentação com texto excessivo ou números. Acima de tudo, como fazer de forma clara: “o Porquê”, “Como”, “O Quê”. Além disso, é preciso treinar sua voz com um fonoaudiólogo para que seja removido qualquer sotaque forte, ou que a sua fala seja de uma voz charmosamente clara. Tendo trabalhado o seu estilo de roupas, sua voz, mãos e unhas, com seus slides todos a postos para você começar seus três minutos, você terá a chance de prosseguir ou não. O momento crítico, na Newgociação, é a preparação. Depois, é engatar a conversa com os três primeiros minutos.

3.5.3 Manter a palavra

Se você pode manter um compromisso, se tem palavra, então você pode atrair uma boa reputação e confiança. Se algumas negociações exigem sigilo, você é capaz de guardar um segredo, dar sua palavra? Você pode preferir dizer: “Eu não sei, vou verificar” em vez de prometer: “Tudo de bom” e “tudo vai ficar bem”. Imaginem que desilusão se, em um restaurante, o garçom promete um prato suculento e depois volta dizendo que acabou. Do entusiasmo para a decepção! Se prometemos algo que seja viável e depois acontece um imprevisto e não conseguimos manter a palavra, devemos pedir desculpas sinceramente, e não mecanicamente.

3.5.4 Perdão e Bondade da Diplomacia

Eu vi tantos negócios e conflitos familiares por causa da falta de perdão e de bom senso. Será que realmente faz sentido ficar anos em luta interior porque o companheiro teve um caso esporádico? É para conversar com um terapeuta durante anos? Muitas pessoas não podem aceitar que o outro pode ser perdoado. Como aceitar o outro? Por que não ver o outro como uma pessoa que precisa de ajuda? Muitas pessoas esquecem que todos nós podemos cometer erros. Há uma regra de ouro, me engana uma vez, vergonha para você, mas se me enganar duas vezes, a vergonha é de mim. Você pode perdoar, mesmo não sendo fácil, desde que o outro peça perdão ou que indique, abertamente. Se uma pessoa errar de novo, ou trair novamente, então considere pedir o divórcio, rompendo a parceria, processando em tribunal, fugindo.

3.5.5 Saber Conversar, Ética da Elegância Moral em Newgociação

As palavras e a eloquência são importantes, pois têm o poder de convencer e e influenciar pessoas. Fazem parte de nosso Programa de Negociação, em Harvard, inclusive nossos colegas, Bruce Patton, Douglas Stone e Sheila Heen escreveram o bom livro chamado *Difficult Conversation: Dealing with what Matters Most.* (Conversa Difícil: Negociar com o que mais Importa). Mais recentemente, criamos um treinamento especial para a Sony Music sobre como lidar com momentos críticos na negociação, como encontrar as palavras certas, os argumentos certos. Não há teoria nem uma conceituação para a prática do debate e da habilidade da eloquência, mas certamente, com elegância moral e maneiras agradáveis:

Mesmo se você estiver convencido de que o seu oponente está errado, deixe que ele se renda, seja gentil, evite continuar a discussão ou mudar de assunto. Não defenda com obstinação a sua opinião, até o ponto dele ficar irritado. Ouça com calma a ideia do outro, e se você não concordar, fazê-lo educadamente para que o outro reconheça que você é um cavalheiro ou uma dama.

Nunca interrompa alguém, é rude. Evite citar nomes ou mencionar coisas que as pessoas têm vergonha de falar. Outra falta de elegância moral é quando você antecipa uma parte da história do outro e termina as frases da pessoa antes dela. É grosseiro não permitir que o outro conclua uma anedota que esteja contando.

Ouvir com interesse e atenção é uma conquista tão válida como ser um bom orador. Quando trabalhamos para a presidência brasileira, com 60 conselheiros da sociedade civil (CEO, sindicatos, ONGs, acadêmicos), tivemos que ouvir as pessoas durante oito horas, tomando notas. Era como ser estudante à moda antiga novamente, com a impossibilidade de fazer perguntas. Aprender concentração e habilidade para ouvir durante muito tempo, ou mesmo por pouco tempo, está se tornando uma habilidade rara.

Sua postura, ao falar, é muito importante. Nunca escute a conversa de duas pessoas que se afastaram de um grupo. Se elas estão tão próximas que não há como evitar ouvi-las, você pode mudar de lugar. Certifique-se de que a sua parte da conversa será simples, breve e o mais consistente quanto possível sobre o assunto do debate. Evite longos discursos e histórias chatas. Se, contudo, outra pessoa, particularmente uma pessoa mais velha, fala sobre um caso por mais tempo, ouça cuidadosamente até que ela termine, e então, depois, você fala.

Não fale muito sobre si mesmo. Seus amigos nomeiam suas virtudes e seus defeitos, não é necessário falar deles.

Se você aceitar ser elogiado, você também tem que aceitar quando as pessoas o acham de pouco inteligente ou muito convencido.

Quando você conversar com amigos, não faça comparações. Fale sobre o mérito de cada indivíduo, não tente melhorar as virtudes de um em contraste com os defeitos do outro. Em público, tente usar a sua boa energia, o show deve continuar. Se alguém parece deprimido, "câmera lenta" e triste, use um pouco de conhecimento, como a tribo dos Xamãs, que fazem seis perguntas: Quando foi que você parou de dançar? Quando foi que você parou de cantar? Quando você parou de acreditar? Quando você parou de se encantar com as histórias? Quando você parou de ficar em silêncio? Quando você deixou de amar? Na linguagem ocidental, você deve fazer três vezes a mesma pergunta para obter a verdadeira razão. Por que você terminou com ele? Porque ele era chato? Qual é a outra razão? Porque ele mentiu para você? O que mais? Porque ele era pão-duro. Você pode ter certeza de que o principal motivo da decisão era, antes de tudo, porque ele era pão-duro, mão-fechada, não dava para continuar.

É falta de educação e respeito quando uma pessoa segura a cabeça com a mão, lança um olhar entediado ou cansado quando outra pessoa fala. Ficar olhando seu celular ou seu relógio quando outra pessoa está falando é terrível. Mostre que você presta atenção e que o outro é a pessoa mais importante na terra naquele momento. Evitamos os erros de hoje em dia: quando alguém fala, o outro pega o celular: são erros patéticos, o que pode arruinar suas chances de ser levado a sério, ou no mínimo, cortarem você da lista de companhias para sair junto.

Nunca falar alto para cobrir a voz de outra pessoa, nem falar com um tom de voz ditatorial, sempre tentar ser simpático, gentil e suave. Sendo franco, sem afetar ou sem maneiras esnobes é a melhor maneira de ser um cavalheiro e ser respeitado.

Se você estiver em um evento ou com um amigo, evite falar sobre o seu negócio ou sobre a sua profissão em público. Monopolizar a conversa sobre a sua especialidade, o seu trabalho, é deselegante. Faça com que a conversa estabeleça uma equação com quem você estiver.

Portanto, mantenha o assunto sério ou feliz em harmonia com o contexto e o momento.

Se você está no meio de uma discussão ou de falas acaloradas entre duas pessoas, e percebe que não é possível conciliar as partes, abstenha-se de tentar. Você certamente vai tornar-se um inimigo dos dois, pois parecerá que está tomando partido de um dos lados.

Nunca chame a atenção sobre você. Ao entrar em uma conversa de grupo, é uma atitude grosseira voltar-se para uma única pessoa e querer manter uma conversa privada somente com ela, ignorando os demais da roda.

Uma pessoa inteligente comporta-se com discrição e modéstia. Podem até ser intelectualmente mais preparados, mas nunca farão qualquer pessoa sentir-se diferente ou inferior. Tudo o que for dito deverá ser marcado pela cordialidade e respeito, tanto aos sentimentos quanto às opiniões dos outros. Evite qualquer assunto que possa prejudicar outra pessoa. Um "cavalheiro" ou uma "dama" nunca fala mal de outra pessoa ou dá ouvidos a calúnias.

A elegância moral, em Newgociation, também consiste em aprender a dizer: "Sinto muito". Só que terá que ser dito com sentimento de coração quente, não mecanicamente.

Se o assunto da negociação é profissional ou científico, evite o uso de termos técnicos, siglas ou abreviações. Não é de bom tom utilizar termos técnicos, porque muitas pessoas podem não conhecer ou não entender. Se você fizer isso espontaneamente em uma fala, não queira corrigir o erro ao explicar o significado, é constrangedor. As pessoas serão gratas a você se não as fizerem se sentir ignorantes.

Contar histórias, casos interessantes, é uma das ferramentas mais poderosas. Gerar imagens agradáveis para as pessoas, falar de sua cultura, sua música, sua comida, sua identidade, é assim que você conecta pessoas e obtém a sua atenção. Ao conversar com um estrangeiro que não fale o idioma do país corretamente, escute com atenção, mas não sugira uma palavra ou frase se ele hesitar. Acima de tudo, não demonstre, por ação ou palavra, que está impaciente com as pausas e erros. Se você entender a língua dele, avise isso assim que começarem a conversa; não é uma exibição do seu conhecimento, mas uma gentileza, já que um estrangeiro ficará feliz em falar e ouvir a língua materna em um país estranho.

Evite frases que são muito comuns, as da moda. Recomenda-se usar citações de vez em quando. Elas podem ser boas para temperar uma conversa, mas quando se tornam habituais são entediantes, pedantes e de mau gosto.

Falar corretamente seguindo as regras da língua é importante, no entanto, é preciso ser natural o suficiente para desenvolver um estilo próprio. Ser meticuloso ao extremo pode cansar as pessoas.

Evite gabar-se sobre dinheiro, sobre citar nomes de celebridades que você conhece, objetos caros que você tenha, pois as outras pessoas podem pensar que você é vulgar ou um novo rico. Também é uma falta de tato falar de sua intimidade com pessoas importantes. Se fluir naturalmente na conversa, vá lá! Mesmo assim, não fique dizendo constantemente “Meu amigo, o Presidente”, “My Friend CEO”, parece pomposo.

Quando as pessoas estão de bom humor e felizes, não inicie uma conversa com uma notícia triste ou assuntos delicados. Não é de bom tom comentar assuntos pesados em festas de aniversário, casamentos, aliás, em eventos festivos de todos os tipos. Junte-se à celebração, esqueça um pouco as tristezas e sorria. Às vezes, temos que ser atores, não demonstrando nossos sentimentos mais íntimos e secretos.

Se encontrar um artista ou um acadêmico, não pergunte como foi a filmagem de seu filme, como a pesquisa foi conduzida. Não peça um *selfie* logo depois do “muito prazer em conhecê-lo”. É de mau gosto. Mostrar apreço pelo ator, cantor, autor e acadêmico, será adequado, basta fazer uma breve referência a uma citação ou à peça ou filme que você viu ou que sabe do seu livro.

Fazer frases com duplo sentido pode ser embaraçoso e grosseiro, de modo a evitar ambiguidades. Tentar imitar grottescamente alguém também é um comportamento que denota falta de educação. Algumas pérolas mediáticas simbolizam tudo isso: lembram quando Donald Trump queria denegrir um jornlista que expressou opinões contráias a ele? O jornalista tinha uma debilidade física e Trump o imitou grotescamente[29]: obviamente, a torcida dele riu, mas não todos, e com certeza quem estava observando a cena achou de profundo mal gosto. Outra cena que ficou muito clicada na mídia foi quando Donald, em um encontro oficial, empurrou o Primeiro Ministro do Montenegro[30]

---

[29] https://www.youtube.com/watch?v=PX9reO3QnUA

[30] https://www.youtube.com/watch?v=YbyH1YaGsiQ

para aparecer primeiro. São comportamentos tão infantilizados que surpreendem. Como um adulto que deveria ser um role modelo pode mostrar tamanho descaso?

Se você ficar irritado em uma conversa, mude de assunto, permaneça em silêncio ou peça um café para tomar um fôlego. Você pode sair, dizer que você prefere fazer uma pausa para evitar a conversa de forma a evitar falar coisas das quais você pode se arrepender depois.

Evite assuntos ou afirmações que podem fazer você pisar em falso, como por exemplo: "Eu acho que os velhos são todos aproveitadores de mulheres jovens", "Eu acho que é uma vergonha cometer um suicídio". De repente você se dá conta que a filha de seu interlocutor é casada com um homem mais velho ou que sua esposa é 30 anos mais jovem. Ou que o pai de seu interlocutor cometera suicídio. Evite saber segredos de seus amigos, mas se eles falarem, nunca revele nada a outras pessoas.

Se você é um grande viajante, não fique falando sobre isso constantemente, não há nada mais cansativo do que pessoas que sempre começam a sentença dizendo: "Quando eu estava em Hong Kong", "Na Nigéria, eu gostei...

Quando você estiver em uma festa ou evento, evite fazer perguntas sobre as pessoas que você não conhece, usando frases como: "Quem é aquela garota gorda e brega ali? E a resposta é: "...ela é a minha mulher".

Evite fofocas, que fazem você parecer vulgar; sempre levam a intrigas desnecessárias. Evite fazer muitos elogios, um elogio delicado pode ser lisonjeiro e bem recebido. Demais, torna-se rude. Mulher bonita sabe disso, ela não gosta de ouvir, sempre: "Você é modelo? Você deve ser uma modelo?" Além disso, se você fizer isso de forma excessiva, sem autocontrole e temperança, as pessoas vão pensar que você está tentando levar vantagem com ela com uma estratégia egoísta. Então, muito elogio pode ser ignorado ou desprezado. Da mesma maneira, se você encontrar alguém por quem venha a sentir uma grande paixão, não vá dizendo, de imediato, que está loucamente apaixonado e tem uma grande paixão. Vão perguntar por quê, perguntar se você não está cego ou extremamente louco. Então, vá com calma, vá passo a passo.

Além disso, como um mentor ou líder em Newgociação, seja como um genitor de família, há regras de ouro na base da elegância moral que podemos ensinar sobre qual será o impacto da futura geração de Newgotiators.

Liderança, na Newgociação, é acerca de valores, costumes, civilidade, elegância moral, tudo o que torna as crianças, os amigos, as comunidades com um sentimento de pertencimento. Nós somos uma família, este homem é legal, isso é um cavalheiro, "eu posso confiar em você" é o objetivo final que você deseja alcançar. Além disso, não hesite em criar um grupo coletivo de amigos. No Facebook, quanto mais amigos você tiver, vai encontrar amigos em comum, o que aumenta as chances de ser aceito.

3.5.6 Ring: Aprendendo a Fazer em Grupo

O Ring é uma ferramenta eficaz para fazer o *benchmarking*, do aprender fazendo, para compartilhar experiências e obter os melhores resultados. A experiência coletiva é a melhor ajuda de um negociador. Como um piloto, ele precisa de clareza, das experiências acumuladas por outros pilotos para evitar os mesmos erros, e também para encontrar mais rapidamente uma solução. No núcleo de inteligência em Newgociação, nos voltamos para melhorar a produtividade em fazer um acordo, a probabilidade de fazer um acordo e o valor do negócio. Os softwares que criamos com nosso time da UFRJ COPPE, com nossos colegas da MIT, Harvard e "Consensus Building Institute" ajudam a preparar uma negociação, a ter um painel como o de um piloto para ver onde há falta de opção, onde há uma lacuna, onde o oposto é ganhador, a baixa margem de negociação devido ao cumprimento da lei, onde há uma pressão de tempo.

Você vai encontrar, em nosso website, uma maneira de entrar em todos os dez elementos da Newgociação, de forma a também ajudar o outro, inserindo-o, ou antecipando-se, dizendo como poderia ser para a outra parte. Dessa forma, o sistema pode dar-lhe a clareza sobre o local que deve ser o foco, onde tudo é resolvido e como os desafios devem ser resolvidos.

Como estamos entrando na era da transparência, da colaboração, as empresas que não conseguirem trabalhar em times terão dificuldades de serem competitivas, de serem capazes de aprender e evoluir para melhorar rapidamente.

O Ring tornou-se uma ferramenta eficaz para colocar em prática as melhores dicas, trocas de experiências e criatividade para resolver lacunas, as diferenças culturais, as questões de sentimento em conversas complicadas. Nós não acreditamos que o filósofo grego Sócrates tornou-se um debatedor eloquente do nada. Desenvolveu muitos exercícios, fórmulas de *coaching* tanto para pupilos, para amigos e especialistas da época, até que se tornou uma figura pública influente. Mais recentemente trabalhamos com Vincent Ducrey, Presidente do Instituto Hub. Vincent estava no comando da comunicação pela internet para a eleição do então candidato Nicolas Sarkozy, na França. Em seguida, tornou-se responsável pela comunicação da internet do governo francês. Ele comparou a sua tecnologia com o chefe de campanha e porta-voz da comunicação de Obama. O que fica claro é que o líder político em todo o mundo estuda as palavras-chave, quais têm um impacto, as que estão na moda, as que são rumores. Eles selecionam qual tema vai gerar resistência e aprovação. Fazendo um discurso, comunicando uma mudança no gabinete de um governo, dizendo ao mercado alguns dados financeiros. O livro de Vincent Ducrey, *Guide de l'Influence*, fornece toda essas palavras-chaves e ferramentas de comunicação para impactar sua influência pessoal, assim como para transmitir as suas ideias, os seus resultados e reunir as pessoas ao seu redor.

3.5.7 Reputação, Dados, Marketing e Pesquisas

Se a pesquisa de marketing diz que 60% dos consumidores estão otimistas sobre o futuro da economia, líderes públicos e empresariais se animarão e irão ver o crescimento. Se a maioria das pessoas é pessimista, o mercado vai ser uma economia de mercado pesada. Essa é a razão pela qual a preparação é fundamental. Ricardo Bellino convenceu Donald Trump a investir no Brasil porque ele havia coletado dados sobre o país, os padrões de consumo, a circulação de helicópteros, as vendas fantásticas da Vuitton. Tudo mostrando que o setor de luxo estava crescendo. Pondo na mesa os números, as pesquisas podem realmente criar um impacto e levar as pessoas a seguirem tendências. O risco é que algumas pessoas manipulam os números para fazê-los dizer o que querem. Assim como podem criar omissões, podem criar vieses de julgamento. Max Bazerman discorre sobre o risco de viéses de decisão. Ele fala sobre preconceitos que emanam da disponibilidade, viés heurístico. Por exemplo, eu ouvia o rádio dizendo que a França tinha todas as chances de ganhar no futebol contra a Espanha já que a França não havia perdido contra a Espanha por mais de 20 anos. As estatísticas, a série de números poderiam, eventualmente, deixar de acreditar que o próximo jogo seria a favor da França. Foi um viés de julgamento com recuperação de dados, heurísticos preconceitos com táticas de conexão.

As empresas estão agora trabalhando para criar rumores, ondas na internet, elas pagam ONGs, pagam acadêmicos para fazer entrevistas na TV defendendo a sua causa, como Charles Ferguson mostrou perfeitamente no seu grande documentário *Inside Job*. Todas estas táticas de poder de manipulação podem fazer as pessoas comprarem, amarem, ficarem animadas. Podem criar bolhas, *booms*, mas, infelizmente, como muitas vezes nos Estados Unidos, acabam criando um ciclo de explosão de crescimento. Mais recentemente, Robert Reich escreveu um livro fantástico sobre a Negociação Complexa entre as empresas e todas as partes interessadas ao redor. Como a influência é comprada com dinheiro, mas também como há os regulamentos, regras, normas favorecendo. Vamos mostrar, no próximo capítulo, como a tecnologia é a chave para a competitividade, mas como o CEO da AOL mencionou, a competitividade da AOL depende mais de como podemos influenciar a regulação de tecnologia.

3.5.8 Construção da Identidade

Uma ferramenta poderosa para se beneficiar da empatia, cooperação e cuidado é pertencer a um grupo. A unidade e a familiaridade podem vir do mesmo sangue, de mesma etnia, país, região, equipe de futebol ou do mesmo grupo ou associação. Olhem para lobby estilo o Rotary, estes são espaços de cooperação, solidariedade, porque as pessoas sentem que pertencem. Quando você se encontrar com parceiros de negócios futuros, verifique seu Facebook, todas as informações que poder encontrar. O gosto musical, gosto referente aos esportes. Recolha todas as informações que mostram que você têm coisas em comum. Mesmas áreas de interesse, valores, história, visão. Os colegas da ESSEC e Harvard, Alain Lempereur e Aurélien Colson, trabalharam para conciliar etnias e na negociação de africanos de diferentes origens que trabalham na realização de obras de identidade. É preciso paciência e conversa para ter partes interessadas aceitando as diferenças e descobrindo o que os une. Além disso, trabalhar com os colegas de Hong Kong sobre as diferenças culturais entre a cultura ocidental, a cultura britânica e a cultura mandarim tem mostrado o quanto é importante definir e criar afinidades por meio de valores comums, também através da gastronomia, esportes e educação. Os esforços de 40 universidades com as quais trabalhamos têm mostrado a importância de ensinar identidade, cortesia e intercâmbio entre as culturas.

Nada mais é tão importante do que preparar um Newgotiator. Ele precisa investigar dados, antecipar riscos, reunir informação para dividir com boa-fé, circular em vários cenários para enfrentar vieses de julgamentos , definir em conjunto o problema e reduzir o *gap* da percepção. Você precisa reunir informação durante a etapa de preparação, para então compartilhar e entrevistar a sua parte contrária no sentido de que você construi verdade e compreende melhor a outra parte. O elemento conhecimento será usado durante a etapa da Criação de Valor como uma conversação exploratória, escuta ativa, *brainstorming,* e então a etapa da Distribuição de Valor para gerenciar o conhecimento como um facilitador, integrar visões, riscos e quantificar o valor do risco e informação.

O elemento Conhecimento é também parte para seguir até a próxima etapa, quando é preciso compreender e ver como implementar a decisão.

Muitos dos problemas de negociação ocorrem porque os colaboradores/interessados não concordam a respeito da definição do conflito ou problema. Como você pode resolver um problema se não compartilha a definição, a hipótese. Bruce Patton enviou a pergunta:"O que é Milho?" para quatro diferentes órgãos, tais como o US Regulation Agency FDA (Food and Drugs Agency), para o Departamento de Agricultura, Associação de Consumidores e outros. As respostas foram diferentes. Um respondeu que certamente era um vegetal, outro que seguramente era um grão, outro que era uma fruta. Não houve nenhuma concordância com nenhuma outra definição.

Assim, antes de qualquer negociação, você inicia a Newgociação com "o porquê" sugerido por Simon Sinek. Uma vez que você concorda com "o porquê", estamos aqui para negociar, e uma vez que você enquadrou o problema ou sonho, aí você vai ao "como", e depois ao "o quê".

É muito importante ter uma boa definição e visão comum nesta etapa de criação de valor. Você precisa concordar sobre o que é milho para você e o que é milho para o outro. Se você compra uma laranja, essa laranja é para uma fábrica de suco de laranja ou uma fábrica de bolo? Para fazer suco de laranja você não precisa comprar a casca da laranja, somente a polpa. Ao contrário, se você faz bolos, só precisa do sabor e perfume da laranja, portanto, é necessário apenas comprar a casca, não precisa comprar o resto.

A ideia é customizar, personalizar a sua proposta. Se você faz isso por coleta de dados, por escuta ativa, terá a clareza sobre os interesses, as opções, agrupa todas as informações para ter a mesma percepção do objetivo, proposta ou projeto que você quer fazer. A etapa da criação de valor é sobre conectar interesses, preferências, desejos, necessidades opções e informações, de forma que não haja nenhum mal-entendido.

Se eu pedir a você para me trazer um *container* de milho do porto do Le Havre, na França, e depois de aberto o *container*, eu enxergar milho como pipoca para sessão de cinema, ou latas para consumo humano, ou grão para a galinhas, ou cheio de plantas, eu posso me sentir desapontado ou chateado porque o que fora trazido não corresponde à minha visão, à minha expectativa ou ao que eu pensei que iria receber. Isso leva a emoções destrutivas, como raiva ou medo, eu chamo você e esse mal-entendido se transforma em um conflito desnecessário. Nós dois poderíamos ter evitado isso se tivéssemos falado dois minutos sobre para que é este milho. A etimologia, a epistemologia é a chave para criar um mal-entendido. É por essa razão que vemos Newgociação usando a elaboração da gestão do conhecimento como uma forma da redução do *gap* de percepção e da informação, e ter uma forma de um terreno comum. Construir o enunciado de um problema , de fato, o cerne da estratégia e da ciência da decisão.

3.5.9 Percepções

Tem uma experiencia social que mostra o quão as percepções influenciam a visão do mundo e como a escolha seletiva das informações nos deixa no escuro. No YouTube existe um vídeo em que seis pessoas trocam, ao mesmo tempo, duas bolas de basquete, pedindo que você coloque toda a sua concentração, todo o seu foco, nessas duas bolas de forma a dizer quantos passes ocorreram. Em um grupo de 100 pessoas, alguns vão ver 20 passes, outros vão ver 40. Como vamos resolver nosso conflito ou diferença? Devemos tolerar e aceitar que algumas pessoas vão trabalhar com um conjunto de dados, respondendo 20, até porque um foguete, ao ser lançado no espaço, pode implodir, porque a ciência, a verdade, diz nãosão 20, mas 32. Se a maioria das regras e tomadas de decisão for 28 para negociar o procedimento da segurança de manutenção da plataforma de petróleo no Golfo do México, ela vai explodir, porque o padrão deve ser 32. Se o chefe vê 36 e obriga o outro a aceitar a sua decisão, aqui, novamente, as pessoas podem ficar desmotivadas, o chefe pode perder a sua admiração e liderança, e pode levar a empresa a um grande fracasso. Então, como devemos fazer para resolver esse *gap* de visão? E além disso, veja só, somente uma minoria de 20% declara que viu um homem vestido como um gorila cruzar o grupo de seis pessoas enquanto eles estavam trocando as duas bolas de basquete. Os 80% normalmente riem da minoria de 20%, os chamam de loucos, irracionais, às vezes até ofendem, perguntando se eles não estavam sob efeito de alguma substância. A verdade é que a minoria está certa, há de fato um homem com um traje de gorila atravessando o time de basquete. Assim, em vez de acusações mútuas, insultos, propomos jogos de poder para o chefe ou a maioria, sugerimos uma maneira elegante de reduzir essa diferença de opinião, visão e interpretação. Chamamos o Campeão do Mundo de contagem de basquete e colocamos toda a nossa fé nele. Mas até mesmo os Prêmios Nobel dos Campeões do Mundo podem falhar, por isso sugerimos que o grupo opte por uma averiguação conjunta e reformule a natureza do problema. O que é ver? Qual é o tempo do projeto? O que poderia ser uma surpresa previsível? Dessa forma, podemos enriquecer o enunciado do problema. A maneira como eu anunciei a questão, no início: “Quantos passes de basquete acontecem durante o vídeo" forçou as pessoas a colocarem todo o seu foco nessa informação. Eles estavam tão concentrados que 80% não viram o gorila, tampouco perceberam que os jogadores com camisetas brancas estavam passando a bola para os de camiseta branca mesmo, e os com camisetas pretas estavam passando a bola para os de camisetas pretas, também. Assim, propomos um replay, organizando um comitê para fazer uma gestão do conhecimento do grupo. Como as pessoas olham o filme de 30 segundos com a hipótese do aparecimento do gorila, ele acabam vendo o gorila. Assim, reduziu a diferença entre os 20% e os 80%, e todos puderam desculpar-se pela racionalidade e visão limitadas e agradecer à minoria irritante pela ajuda. Não é uma ofensa, pelo contrário, mas uma elegante e amável de rever e atualizar a sua visão. Então, aqueles que veem 40 passes e os que veem 20 estão, agora, pela redução, na zona de um possível acordo 35-25. Depois de alguns replays, eles concordam com a ciência, a verdade, a boa-fé e a consideração de que há, na verdade, 32 passes. Se o sinal inicial tivesse sido mais amplo: "Observem e comentem este vídeo, a visão teria sido maior, os detalhes colhidos mais abrangentes e cada um teria contribuído segundo seus próprios talentos.

3.5.10 Especialista em Informação Neutra

Outra forma consistiria em chamar um especialista, escolhido mutuamente, para determinar quais as suas descobertas, e ambos se comprometeriam a concordar com a opinião especializada. Você pode escolher um acadêmico, um cientista renomado por suas publicações, um especialista em cenas de crime, um contador, auditor, advogado, alguém que pode trazer credibilidade e ciência para defender o seu ponto de vista ou ajudá-lo a formar um julgamento com boa-fé.

Vamos imaginar que você é uma ONG ambientalista e eu sou uma indústria. Temos diferentes percepções sobre os impactos de um produto químico na natureza. Você diz que é A e eu digo B, e a melhor maneira é compartilhar informações, negociar com boa-fé, com bom senso, utilizando um comitê de ciência ou um especialista que, mutuamente, é escolhido. Este processo chamado *Joint Fact Findings* é uma ferramenta eficiente de construção de consenso, tal como sugerido pela nossa faculdade MIT-Harvard Disputas Públicas, diretor do programa e diretor do grupo do MIT de Política Ambiental Lawrence Susskind em nosso livro conjunto: *Faciliter la Concertation* e "*Quando uma Maioria não Basta*", em inglês, *Breaking Robert's Rule*. Regras de maiorias usando poder ou minoria com militarismo não são mecanismos modernos para resolver disputas de forma racional e elegante. O elemento Inteligência/Cognição é muito mais competitivo do que o poder de tomar decisões elegantes, éticas e racionais. O Poder torna-se arcaico quando se trata de aprender com o outro, pois prevê surpresas imprevistas.

3.5.11 Gestão de Risco

Como o elemento Inteligência é um componente do Risco, Informação e Gestão da decisão, é importante dar uma olhada nos que contribuíram nesta área e o que podemos aprender com eles: Maurice Allais, que ganhou Prêmio Nobel de Economia trabalhando os avessos ao risco e estratégias de precificação de risco com o apoio da Ecole Normale Supérieure de Cachan, Prof. Bertrand Munier, que escreveu conosco *Rapport de Négociation sur la Prévention des Risques*. O trabalho de Maurice Allais foi continuado por nossos colegas Prêmios Nobel Kahneman e Tversky, que escreveram conosco o capítulo do *Barreiras para Resolução de Conflito*. Eles perceberam o quanto é importante conhecer a psicologia do consumidor, segundo a sua aversão ao risco ou gosto por correr risco. Um contribuinte notável para o campo da negociação é o Programa Harvard em negociação, do Professor Emérito Howard Raiffa, que escreveu a *The Art and Science of Negotiation*. O Prof. Raiffa ganhou notoriedade com a criação de uma estrutura de árvores de decisão. Essa literatura sobre gestão de risco é abundante e evoluiu no campo da Newgociação com algumas principais ferramentas: o sistema de base de dados, que ajuda a memória de Newgotiators. A ajuda do software de mapas de cada um que toma decisão, antes de dar a partida em uma Newgociação para mapear se vê uma série de riscos, tais como:

Catástrofe natural: sim ou não, qual % de risco é positiva; Risco ambiental: sim ou não, qual % de risco; Risco de rompimento da relação: sim ou não, qual % de risco; Risco de divórcio; Risco de ser queimado; Risco de Segurança Pública; Risco Político; Risco de Recursoa Naturais; Risco Geopolítico; Risco de Recursos Humanos; Risco Financeiro; Risco Logístico; Risco de Greve; Risco de Entrega; Risco de Saíde Pública; Risco de Pagamento; Risco Legal; Risco Criminal; Risco de Corrupção; Risco de Atraso; Risco de Moeda e assim adiante.

É extremamente importante ter a clareza, comunicar o Risco dentro da organização e também com o seu parceiro, seus clientes, consumidores, comunidade. Alguns podem não avaliar o valor do Risco e pagar barato por um Risco elevado. Se você compra um cigarro, quais são as chances de que terá um câncer? Se compra este carro, qual é a probabilidade de que não haverá um defeito e um Risco de *recall*? A avaliação do risco tem uma correlação direta com o preço de um serviço e de um produto. É o que os bancos, companhias de seguros fazem, e é a parte mais estratégica de seus negócios. Muitos conflitos ocorrem quando há uma lacuna na interpretação do Risco.

Vamos imaginar que você é o diretor de marketing do jogo de críquete no estádio Jardins do Éden e eu sou o agente da Nestea Advertising. Há um jogo no domingo entre os Kolkata Knight Riders e os Delhi Daredevils. O diretor de marketing afirma que haverá 100.000 pessoas e ele quer R$ 100 mil para colocar um add no estádio. Acredito que haverá 50 mil pessoas assim e quero pagar R$ 50.000. Como podemos resolver esta lacuna, a zona de possível acordo, se não há outra opção a ser criada? Eu posso optar por um plano B, fazer o meu anúncio na frente do estádio e não dentro, por um preço mais barato. O diretor do estádio pode ter tantas empresas que querem colocar um anúncio por R$ 100 mil, já que ele tem um confortável plano B/BATNA. Eu posso argumentar que a previsão do tempo anunciou uns trovões e chuva no domingo, que é o fim do mês e as pessoas não têm tanto dinheiro para pagar a entrada no domingo. O diretor do estádio pode ter rastreado alguns dados de registro provenientes do seu computador e dizer que todos os Riders Kolkata Knight e Delhi Daredevils tiveram 100 mil pessoas nos últimos dez anos. Eu posso argumentar, ainda, que é um vies de julgamento, e não é porque aconteceu muitas vezes que isso vai acontecer novamente. Vamos imaginar que estamos em um beco sem saída. Eu, na minha visão pessimista, e você, com a sua visão otimista. Ninguém tem 100% de certeza de de que não haverá 50 mil ou 100 mil pessoas. Uma maneira de lidar com essas diferenças de uma forma racional e elegante é estruturar um contrato de contingência. Ele irá testar a boa-fé do outro. Se o diretor de marketing está tão certo de que haverá 100 mil pessoas, não vai ter problemas em colocar no contrato o que acontecerá se metade desse número, 50 mil pessoas, comparecer. A Nestea vai pagar R$ 50 mil e, se existirem 100 mil pessoas, vai pagar R$ 100 mil. Estamos criando um cenário com duas opções, sempre compartilhando o risco entre eles, assumindo um risco hoje, quando há incerteza sobre o tempo, e ainda, tomando uma decisão. Também é uma ferramenta eficiente para desbloquear impasses e *gaps* de avaliação de risco. O acompanhamento até a etapa permite implementar a decisão apenas se as informações, o risco, a decisão tiverem sido bem gerenciados.

A negociação não tem qualidade na assinatura, mas quando a decisão se torna ação, chegou ao objetivo. A negociação é como uma flecha, a preparação é a chave, no início a intensidade e velocidade e, com o passar do tempo, a velocidade é reduzida, por isso deve ser boa o suficiente para atingir o alvo. Muitas negociações não estão focadas, estão sem forças para atingir o alvo.

3.5.12 Exploração de Dados e Memória Coletiva

A elaboração da negociação, o esclarecimento do diagnóstico da negociação no painel de controle e a memória da negociação são partes de um processo que pode ser definido como tal, por Flanagan, como a técnica de incidentes críticos. Ela pode ser aplicada ao Risco, à Informação e Ciência da Decisão usando o elemento conhecimento para ajudar a tomada de decisão elegante, racional e colaborativa.

Há na gestão do conhecimento uma parte de novas descobertas por meio de conquistas de fatos comuns, de forma indutiva, que leva a decisões mutuamente aceitáveis e de qualidade. Uma parte importante do Siga até a etapa, em Newgociação, é o armazenamento de informações, a capacidade de encontrar o resultado da negociação anterior, em caso de renegociação, ou até mesmo utilizar algo que já foi feito por um colega, beneficiando-se da experiência. É também uma forma de comparar e contrastar e, portanto, obter o melhor resultado em vez do pensamento cego de que 1/1 foi o melhor resultado.

3.6 Relacionamento

Antes de iniciar a negociação, a etapa de preparação ajuda a identificar o estado mental, o estado fisiológico, o espírito, o estilo de negociação que o seu interlocutor provavelmente tem. No Ring de Newgociação, podemos explorar casos parecidos com o nosso, ou se a situção for nova, podemos coletar informações para um preparo individual. Podemos focar no passado, no presente ou no futuro. Neste livro, falamos bastante de elegância moral. Talvez isso passe despercebido no começo, mas garantimos que esse bom trato permanece e marca, bastante, o interlocutor.

Se você não tem nenhuma pista sobre o negociador que vai conhecer, marque-o em seu Facebook, no LinkedIn, pergunte aos amigos sobre ele. Quando você encontrá-lo, verifique os tipos de objetos que usa, se tem relógio caro, se tem acessórios de luxo, qual seu tipo de carro, a linguagem. Philip Zimbardo, da Stanford University, fala que o primeiro momento é o do encanto, quando devemos transmitir nosso interesse pelo interlocutor. Ao mostrarmos que temos interesse, isso gatilha o interesse dele. É algo recíproco. Você deve transmitir que não é perigoso, que pode ser confiável para que ele/ela comece a respeitá-lo. Faça elogios, diga o quanto é agradável e o seu olhar é bonito. Isso vai agradar a sua vaidade.

Se a pessoa está com medo, com dúvidas, você pode reconhecer que vai lidar com o tipo de negociador controlador, que deseja tudo centrado nele, e o cortisol e os esteróides dele farão com que se sinta desconfortável, inseguro.

A negociação Newgociação é precisamente a única que tem essa sabedoria, a de poder iniciar uma negociação jogando com uma emoção de medo, ou com um verdadeiro sentimento de medo, de forma que o interlocutor controlador já venha preparado com padrões, normas, dados, documentos legais, certificados, atestados, o que trará objetividade e racionalidade para a conversa.

Como a CEO Meg Whitman, quando entrou na Ebay, um estilo típico de arranjar união de facilitadores, disse que ficou impressionada com o "poder da confiança". O facilitador vê a informação, a conexão, as operações, a confiança, a comunicação como uma ferramenta mais competitiva do que o poder de truques sujos ou estratégias de luta como as do autoritário. A palavra partilha também é fundamental para os facilitadores, não é a visão de compartilhamento de sacrifício, uma dor, uma concessão, é compartilhando meu conhecimento com você que eu não perco este meu conhecimento.

O fator relacionamento pode ser também muito mais do que um gosto, do que o apego a links e conexões. O Newgotiator pode querer verificar, antes de entrar na negociação, se o cliente é um fã de seu produto, se ele é louco por novas aventuras, por novos produtos, ou se ele é mais um seguidor. Você vai antecipar, criar expectativa e estratégia antes de conhecer a outra parte. Se a pessoa que você for conhecer realmente lhe parecer uma nova oportunidade, prepare todos os seus produtos e novas ideias. Isso aumentará as chances de que seja mais um empreendedor à procura do pioneirismo – aqui, é válido ressaltar que o pioneiro é o grande, não necessariamente o número um, mas apenas o mais inovador, o excelente.

O relacionamento é um fator-chave de qualquer negociação, a confiança é o lubrificante do motor da negociação. Você pode criar uma cultura de confiança, um sentimento de confiança, jogar emoções de confiança com a linguagem corporal. Provamos que as pessoas que colocam suas mãos sobre a mesa criam mais confiança do que aquelas que escondem as mãos. O tom da voz, quente e amável, e boas maneiras, vão mostrar que você é educado, respeitoso, e isso vai aumentar as suas chances de fazer um acordo.

Não use goma de mascar ao falar, isso pode ser interpretado como algo desrespeitoso. Não use muitas gírias, você não deve ser visto como vulgar. Manter polidez, elegância moral e maneiras naturais ao mesmo tempo é o melhor. Seja você mesmo, simples, natural, é o mais alto grau de sofisticação.

No entanto, o problema é ter o conhecimento incorporado, aprender fazendo, por exemplo, como Mandela ensinou ao mundo; saber realizar a reconciliação, perdoar, encontrar a bondade, pensar sobre o presente e o futuro. O presidente da França, François Hollande, convidou o ex-presidente Sarkozy para ir ao funeral de Mandela, mas em dois aviões diferentes porque eles não gostam um do outro e não queriam viajar juntos. O que aprenderam com Mandela? Ao contrário, a presidente brasileira, Dilma Rousseff, convidou todos os ex-presidentes para viajar em seu avião presidencial para ir ao funeral de Mandela. É preciso sabedoria, deixando os rancores do passado para perseguir um objetivo melhor. A sabedoria de Newgotiators não é para procurar vingança, ter mais que o outro, tomar o que o outro tem, mas pensar nas gerações futuras.

3.7 Concessões

Como vimos no jogo "queda de braço", as concessões podem ser vistas como uma oportunidade para melhorar a probabilidade de fazer um negócio, melhorar a produtividade para realizar um negócio, obter uma ampliação, aproveitar o negócio/bolo; logo, não devemos mais ver concessões como um sinal de fraqueza ou perda de prestígio. É realmente uma abordagem prudente e racional. O Prêmio Nobel de Economia, Thomas Schilling, provou que o risco de escalada não é racional, o que faz com que acreditemos que a dissuasão pode ser uma boa ferramenta. Dessa forma, o poder do ganha/ganha pode ser eficaz para evitar ter que usá-lo. Mais racional ainda é ir além, ganhar e não ter uma racionalidade limitada. Como o Prêmio Nobel de Economia, Herber Simon, mostrou que os negociadores, muitas vezes não vislumbram a grande imagem, o objetivo final. Como provamos com o Ring e *benchmarking* de informações do painel de controle que implementamos em muitas empresas ao redor do mundo. A maioria dos negociadores acaba não podendo fazer concessões, porque não colocam suficientes opções sobre a mesa, ou então porque eles não confiam no outro o bastante para fazer uma primeira concessão. Os facilitadores, mediadores, podem ajudar a criar uma mentalidade de confiança para preparar um conjunto de concessões mútuas de forma a se chegar a um 10/10 em vez de ficar satisfeito com um 0/0 ou 1/1.

Criar expectativas para ver o equilíbrio de Nash 10/10 pode fazer as pessoas realizarem uma mudança e ser ao mesmo tempo de cooperativo e competitivo, como vimos com a teoria dos jogos, com o caso da "queda de braço". No entanto, mesmo que a concessão possa ser transformada em ganhos, e não sacrifício, há também uma maneira de criar um novo paradigma na Newgociação. Há um hormônio do prazer em ação quando você dá algo de si ou uma coisa concreta. Olhe para o prazer dos pais ao dar presente a seus filhos no Natal. Olhe para um homem amando que não sabe o que fazer para proporcionar prazer à pessoa que ama. Algumas pessoas, como o visionário, têm realmente mais prazer em ajudar e dar do que receber. O atendimento ao cliente, o pós-venda, o estado de espírito corporativo, todos os que pertencem à arte da generosidade e empatia se encontram no que Jeremy Rifkin sugere em seu livro *The Empathic Civilization*.

Melhor que a concessão, os Newgotiators poderão usar a abordagem ganho mútuo do Ganha/Ganha, um conjunto de atitudes usando palavras que correspondem, em francês, a *Donnant, Donnant*, ou seja, um dá e o outro dá também.

3.8 Cumprimento das Regras

O contexto legal e o contexto cultural impõem um limite para a sua liberdade e margem de negociação. Você pode ter todos os desejos, mas a lei ou as regras civis podem obrigá-lo a limitar a sua expectativa. Conhecer o contexto legal e lidar com leis ou regras é algo estratégico em Newgociação. Por exemplo: a sua empresa está enfrentando uma situação difícil e pensa em demitir pessoas, e você tem uma reunião com um dos funcionários e lhe diz que você não quer demitir seus 30 colegas; dessa forma, pergunta se ele aceita reduzir seu salário em 20%, Se todos aceitarem, você será capaz de manter todo mundo trabalhando. Vamos supor que, de forma solidária, o funcionário aceita um corte de 20% do seu salário. Ele pode assinar o contrato, mas não terá conformidade com as leis trabalhistas locais, porque a Constituição diz que você não pode reduzir o salário de um funcionário. É, portanto, fundamental ter um advogado ou um conhecedor das leis paar desenvolver a questão ou o assunto da Newgociação. Se você quiser fazer uma boa pesquisa durante a etapa de preparação, verifique um investimento em um país como o Brasil, dê uma olhada nas leis trabalhistas, na Lei da Seguridade Social e no Direito Tributário, no contexto do governo, se há corrupção, quanto tempo leva para resolver um conflito em um tribunal. Você pode querer estudar se o país é violento ou não. Quanto será que lhe custará trazer um expatriado para vir para um país que tem 26 mil homicídios por 100 mil pessoas, onde 80% dos homicídios não são resolvidos pelo sistema policial e judiciário? Você pode olhar para a corrupção e os risco de se envolver em fraudes. A Siemens, por exemplo, foi indiciada no Brasil por um esquema de corrupção na construção do metrô. É o risco de ser superada pela máfia ou por funcionários corrompidos, o valor do risco para a sua marca, para a sociedade. Construir bons transportes é mais importante e os fins justificam os meios? Sua análise jurídica vai moldar a sua estratégia; a maioria das empresas estão na zona cinzenta, gostam de quebrar regras sem quebrá-las, de fato. Pressionam senadores, presidentes para aprovar leis em favor de menos regulação, mais paraísos fiscais.

O CEO da Apple foi convidado pelo senado, Seria estabelecido um imposto justo para que a Apple não colocasse o seu dinheiro em paraísos fiscais. O CEO da Apple, Tim Cook, respondeu: "Imposto de 20%". O lobby tornou-se um instrumento, uma forma de as empresas pressionarem o governo para que ele reduza os custos trabalhistas, dê incentivos fiscais para automóveis ou computadores, estabeleça barreiras para garantir que a concorrência da Ásia não faz mal à sua rentabilidade. Muitas negociações com probabilidade de fazer um acordo, produtividade, valor dos benefícios para estabelecer um acordo dependerão do planejamento em bases legais. A indústria, que criou um conjunto de regras de direito a seu favor, em seguida terá uma vantagem competitiva para negociar com seus acionistas, clientes e trabalhadores.

Quando falamos sobre o cumprimento acerca do elemento conformidade legal, nós também falamps sobre rotinas, convenções, tudo o que está programando o indivíduo a se comportar de uma certa maneira. Nós pensamos sobre a moral, as rotinas, o que um sistema permite que você haja de uma determinada maneira ou não. São as regras culturais. Se você for a Dubai e mantiver relações amorosas na praia, pode ir para a prisão, enquanto em outros países você é citado culpado com um sorriso. As convenções ditam o que você pode ou não fazer. Na América, as regras são sobre assédio sexual são severas. Você precisa saber o que pode e não pode dizer antes de sentar-se em uma mesa de negociação. Precisa saber as regras de etiqueta, e assim, evitar qualquer risco de bloqueio por parte do público, criar reprovação ou simplesmente ser ilegal. O Prof. Tobie Nathan, da Universidade Paris VIII, vem realizando um fantástico trabalho com o Ministro da Justiça para estabelecer uma melhor negociação com imigrantes na França, utilizando facilitadores, tradutores religiosos, intermediários que podem facilitar um diálogo a partir de elementos culturais, normas familiares que vigoram na África e que não são as mesmas que na França, com certeza. Os hábitos na China não são os mesmos, assim como a adaptação à cultura de negócios da África nem sempre é muito fácil para os chineses. Dessa forma, há uma infinidade no universo de especialistas trabalhando na tradução das línguas, dos hábitos, códigos, da ética e moral. Uma amiga de Los Angeles ficou chocada quando um homem da Arábia Saudita disse que, se fosse traído pela mulher dele com outro homem, ela poderia ser morta, sem problema algum. O contexto local, com leis do governo, regras religiosas, regras familiares, regras tradicionais, pode, de fato, impactar a sua margem de negociação. No entanto, temos a chave para antecipar coisas que você espera que já aconteceram antes de você. Elas dividem as suas experiências para acelerar e dar eficiência à sua negociação, ajudam a dirigir sem perigo. Não poderíamos deixar de insistir na importância do Ring para ter conselho qualificado, *mentoring* e benefícios de um painel de controle com memória coletiva, como um intermediário que pode dar assistência ao cruzar informação cultural, moral ou negociações legais.

3.9 Padrão / Critérios

O Newgotiator global, os líderes, os clientes, gostam de ouvir especialistas. Há uma parte do governo que se baseia na meritocracia, competência e experiência. Esses especialistas podem influenciar uma negociação. A China, de acordo com o livro *Governança Inteligente para o Século XXI*, de Nicolas Berggruen, tem uma liderança e governança com foco na meritocracia do especialista, que molda a formulação de políticas de sua competência.

3.9.1 Padrões de Mercado

Empresas como a Yahoo! tem a tradição de ouvir o mercado, obrigando seus especialistas a construir produtos sugeridos pelas pessoas. Ao contrário do Google, cuja política é a de seus especialistas liderarem novos produtos e, depois, consultarem a aprovação do mercado e dos clientes. A liderança das nações e de organizações têm, às vezes, dificuldade para equilibrar o peso de mercado, a sondagem, os especialista e os burocratas. No entanto, não há nenhuma maneira de você obter uma vantagem competitiva em uma Newgociação se não estiver preparado com padrões, enquetes, estatísticas que podem influenciar seu chefe, seu acionista, seu cliente, o seu governo.

Quando, em um restaurante, as pessoas não sabem o que escolher no menu, costumam perguntar qual prato, ou refeição, é mais escolhido. O garçom costuma indicar o prato mais solicitado e o cliente, então, confia em fazer o pedido. A formação do acreditar é relacionada ao elemento cognição e ao uso de normas, padrões que ajudam as pessoas a elaborarem uma convenção, uma prova da verdade e neutralidade como o voto das urnas, o comportamento das multidões.

Como mencionamos anteriormente, as bolhas financeiras são baseadas no fato de que, quando as pessoas têm um alto grau de incerteza, tendem a fazerem opções por imitação, seguir a tendência, a norma, as pessoas normais. Os pioneiros não preferem seguir a multidão e arriscar uma nova comida, ou comprar um novo produto que ninguém tem. No entanto, o controlador, o autoritário, vai encontrar conforto em seguir a moda, a tendência, o rebanho. Dessa forma, para construir a confiança com um senso de objetividade, você precisa utilizar as normas, os procedimentos e as regras. Algumas pessoas gostam de ser tratadas como um qualquer, preferem ter qualquer tipo de mercadoria para usufruir. Outras podem preferir um tratamento especial, personalizado – nesse caso, não há a construção de padrões, mas de uma proposta de valor específica ou de um serviço que não se compara a nenhum outro.

3.9.2 Padrões Financeiros

Em nosso painel de controle Newgociação, podemos verificar qual é o valor médio de um aluguel de um quarto em Moscou na Praça Vermelha? Se você negociar com o proprietário o valor que ele pede para R$ 8 mil por mês, quando o padrão é de R$ 2 mil, poderá usar o padrão como um escudo para proteger a sua proposta de valor. Se você é o proprietário e o padrão não é favorável ao que pretende obter, pode querer personalizar tanto o seu apartamento, que vai ser visitado, ou como nenhum outro, que tenha decoração especial, ou nada de especial. Ou então, trabalhar com muitas opções para que a sua oferta não seja parte da negociação distributiva com base no preço, mas com base em um pacote de muitos benefícios distintos. Normas são geralmente identificadas na etapa de preparação, então você pode usá-las uma vez que tenha feito a ancoragem do preço, uma vez que todos os interesses e opções tiverem sido explorados durante a Etapa da Criação de Valor. Ao usar padrões para defender o seu preço, justifique um ponto crítico em uma negociação, quando a confiança e a neutralidade são necessárias para dar ao outro um sentimento de justiça.

As normas ajudam a criar um sentimento de justiça, de ser justo. Para algumas pessoas, a preferência número um é serem tratadas de forma adequada, sem discriminação. A lei, e seu cumprimento, oferece um limite e margem de negociação. As normas podem ser também um limite para a margem de negociação quando se trata de negociar com normas técnicas, o que agências reguladoras permitem em termos de padrões de poluição, cotas de uso de água, densidade de produtos químicos em alimentos ou em uma fábrica. Todos esses padrões de exigência técnica são componentes que podem afetar uma negociação.

3.9.3 Índice Econômico e Alvo Financeiro

Quando falamos de critérios e padrões que expressam outras formas de métricas e dados, falamos de metas de curto prazo e longo prazo. Em Wall Street, todo investidor, com os ganhos do trimestre das empresas, encaixam-se nos padrões da indústria se a sua cota de mercado melhorou ou não. Investidores que negociam a compra de ações vão olhar para todos os tipos de relações e padrões que podem impactar a decisão de vender ou comprar as ações. Chama-se também a *due diligence*, o mesmo que dar uma olhada em todos os números de uma empresa e analisá-los para verificar se correspondem ao seu padrão e expectativas. Você pode convencer um gerente a investir em seus projetos, é ele quem vê uma planilha Excel com todos os números. Ele pode dizer "ótimas ideias, mas me mostre o dinheiro", ou palavras como "Quando o dinheiro fala, besteira anda." Dessa forma, é preciso preparar todos os custos de um plano de negócios, alinhar o planejamento com marcos e clareza para que haja dados, métricas para quantificar o retorno sobre o investimento, o risco. É o mesmo que fazer a mesma proposta para um diretor de cinema, como roteirista, para um produtor financeiro. Eles têm diferentes linguagens, diferentes gostos. Um vai gostar da ideia e do conceito, o outro vai preferir os números e o controle. Definir padrões para medir o sucesso é muito importante. Indicadores, índices como o Dow Jones, índices como o nível de consumo das famílias, as taxas de juros do Banco Central. Tudo isso representa dados, que podem impactar a decisão tanto em um leilão quanto as negociações da bolsa de valores.

3.9.4 Padrões de Gestão

Megadados tornou-se a ferramenta estratégica para empresas e governo controlarem, influenciarem e facilitarem as negociações. Não é segredo que o Google monitora todos os dados sobre sua conta, quem é você , seus gostos, desejos e necessidades, e pode sugerir, à direita, um anúncio personalizado, que corresponda aos seus interesses, expectativas, preferências, desejos e necessidades. A NSA é conhecida desde as revelações de Snowden, com a divulgação da grande quantidade de dados, bilhões de telefonemas, espionagem de líderes globais como a chanceler Angela Merkel, uma ferramenta para coletar conhecimentos e informações de forma a antecipar a decisão de Angela Merkel.

A coleta de dados, a criação de padrões e procedimentos auxiliam na concepção de uma estratégia e também trazem confiança. Quando realizamos um seminário com os nossos colegas de Taiwan, Ming-Yen Wu, secretário-geral da Taiwan Hospitais, outras instituições não-governamentais e a Associação Médica, foram feitas as melhores negociações de cobertura médica; e assim descobrimos porque Taiwan era um dos melhores países do mundo em medicina. A gestão da saúde está usando a tecnologia, a coleta de dados, como o instrumento sofisticado de diagnóstico com uma grande gestão de relacionamento entre o paciente e seu médico. O médico traz dados, números, informações com qualidade de relacionamento, com uma pedagogia do conhecimento alinhada com os padrões de procedimento, o que ajuda o paciente a compreender, sentir-se seguro e obter o melhor tratamento. Eles também têm sólidas métricas para determinar o alvo que pretendem atingir em termos de qualidade de serviço e redução de acidentes. A gestão de normas em saúde tem ajudado Taiwan a obter as melhores ofertas com as companhias de seguros, com os pacientes e com o governo, por exemplo.

3.9.5 Critérios de Referência de Sucesso da Newgociação

O painel de controle consente em escrever todos os critérios, feedbacks, relatórios sobre a Newgociação para que seu colega possa beneficiar-se com essa experiência. Ou, se você sair da empresa, a memória da negociação e a experiência vão permanecer lá. No acompanhamento, até a etapa final, você pode medir o resultado, *fazer benchmarks* e entender as expectativas. O que é uma Newgociação bem-sucedida? Eis os indicadores de *benchmarks*:

a. **Otimização/Satisfação:** Você sentiu-se feliz em fechar uma negociação 1/2, 1/1 ou 2/1 , e depois soube que seu colega fez uma negociação 10/10. Você teve um raciocínio limitado, havia mais opções e concessões a fazer, agora pode renegociar seu contrato, fazer um acordo pós. Muitas vezes, os negociadores estão felizes apenas por fechar um negócio, porque eles tinham, em média, 30% de chances de fazer um acordo. Eles sentem que já é de bom tamanho. Sentem-se beneficiados por um painel de controle com memória de negociações passadas, de um Ring de treinamento coletivo, podem melhorar suas possibilidades de ter 100% de chances de fazer um acordo. Eles também têm todas as chances de um acordo seja mais parecido com 10/10, de 1/1.

b. **Racionalidade da decisão:** É racional passar três anos em andamento quando você poderia ter resolvido por acordo? É o resultado de uma negociação racional, eu não posso prever que esta decisão possa criar um desastre ambiental. É racional que a Apple tenha milhões em paraísos fiscais e pague a seus trabalhadores chineses R$ 2/hora? É racional para entrar em uma acirrada luta ou *dumping*? Será que você percebe a armadilha ou a manipulação quando as pessoas, em pânico, a ponto de tumultos, se machucam só para comprar N caixas na Black Friday, o dia de descontos americano?

c. **Bem-estar psico-emocional:** Como eu me sinto ao final desta negociação? Posso mapear, explicitamente, tudo o que eu sinto no painel de controle? Também posso ver se ainda há emoções destrutivas ou se todas foram transformadas em emoções positivas? Será que as pessoas gostam de mim depois dessa negociação, como o cliente se sente, o que ele diz sobre mim? Você precisa se colocar no lugar do outro ou perguntar às pessoas o que foi dito e o que não foi. Você também precisa ler o invisível – quando ele aperta a sua mão, parece feliz ou desapontado? Será que ele vai voltar?

d. **Ética/Equidade**: Se eu tratei bem essa pessoa, consegui fazer com que se sinta especial, sem ser discriminada? Será que eu trato um homem negro com o mesmo respeito que um homem branco? Usei estereótipo e agi de uma forma que não era justa? Será que o outro ultrapassou os limites e usou uma linguagem chula? Ele tentou me corromper? Será que eu me comporto de maneira dissimulada e maquiavélica para alcançar meus objetivos? Ele mentiu para mim? Não me sinto bem com minha ética e justiça? Eu estava transparente ou usando muito sigilo? Será que eu construo a confiança e integridade na mesa de negociação ou eu sigo sua conversa fiada, barata, com truques sujos?

e. **Justiça/Equidade**: Há qualquer coisa que foi arriscado em termos de conformidade legal? Há algo que eu prometi que não posso cumprir ? Existe algum risco de que ele ou ela me processem por não respeitar a lei? Será que eu sigo a legislação nacional e o direito internacional? O painel de controle que construímos, em empresas, para colocar todos esses dados depois de uma Newgociação ajudou a encontrar respostas em menos de 20 minutos. É melhor do que um relatório, melhor do que arquivos, é um recibo de sucesso para futuras negociações.

f. **Produtividade para fazer um acordo ou resolver um conflito:** Use o painel de controle e o Ring para verificar se você está sendo muito lento. Verifique qual é a velocidade média para este tipo de negociação em sua empresa. Temos trabalhado com o Departamento de Recursos Humanos e especialistas globais para melhorar a produtividade da equipe de gestão e negociações de empresas como a Praxair, Mitsui Gás, Hewlett Packard, Petrobras, Brasil Alimentos, Embraer, Emory University, Cornell University, China Tongji University, Escola Superior Naval, Banco Central do Brasil, Banco do Brasil. Empresas como a Pfizer, conseguindo melhorar a produtividade por 255 apenas por quebrar as paredes e melhorar a ergonomia. Outros optaram pela tecnologia do sistema de informações como as que nós criamos com a UFRJ COPE, com o Prof. Jano Souza e o Prof. Sergio Rodrigues, com aplicações de nosso trabalho para o Ministério do Planejamento e do Ministério da Economia.

g. **Responsabilidade Social / Sustentabilidade Ambiental:** Como será este impacto de negociação, na comunidade, em dez anos? Qual será o impacto na saúde pública? Será que estamos sendo muito duros com os funcionários e acionistas e, como resultado, estamos capacitando a classe média e reduzindo o consumo? Estamos sendo tão poderosos e mandamos no Estado de tal forma que não estamos pagando impostos como deveríamos, mas por meio de lobby e, dessa forma, contrubuímos para o empobrecimento da escola pública? E isso não tem a ver com o fato de que infraestruturas pobres criarão uma pobre força de trabalho e uma pobre atratividade de investimentos em nossas empresas e no país? Tudo isso pode ter impacto sobre o risco de sobrevivência, a competitividade. Será que estamos cuidando do meio ambiente e da redução de CO2 para que não haja nenhum furacão em dez anos, destruindo a nossa fábrica e as casas? Será que estamos sendo responsáveis com as gerações futuras, criando fontes de prosperidade e desenvolvimento a longo prazo, ou estamos colocando o futuro do planeta em perigo? Existe algum risco de que os meios de comunicação e as associações ambientais destruam a nossa imagem porque não agimos com responsabilidade social?

h. **Controle e Execução**: Uma vez feita a negociação, o contrato assinado, há prontidão operacional para iniciar a execução das decisões. Temos que ter a certeza de que o que foi dito será feito. Existe alguma programação de penalidade em caso de atraso na entrega? Existe uma multa em caso de atraso de pagamento? Existe uma cláusula de confidencialidade e uma pena no caso de ser divulgado? Temos a certeza de que o dinheiro será suficiente para fazer o projeto acontecer? Existe uma parte interessada em falta, o que pode parar o projeto.

i. **Adaptabilidade para liquidação pós-liquidação:** Em caso de alteração da taxa da moeda, há uma cláusula para mitigar o risco de conflito? Todas as expectativas estão incluídas no contrato? No caso de uma das partes morrer ou o fornecedor de arquivos for à falência, como vamos lidar com isso? Estamos colocando, no contrato, a possibilidade de nomear um mediador em caso de conflito? No caso do mediador não resolver, qual tribunal de arbitragem vamos escolher? No caso de ser em um país estrangeiro, poderia ser arbitragem internacional? Devemos colocar no contrato o tribunal no próprio país ou no país de seu fornecedor? Se um dos executivos deixar a empresa, quem ficará no comando? Se um novo regulamento torna impossível a construção de uma usina nuclear, como vamos dividir os custos? Existe um seguro que cubra o custo das mercadorias paradas no porto ou de um furacão que estrague o evento? No caso, você é uma empresa de água que comprou 100 mil garrafas de água para o local do Papa Francisco, no Rio de Janeiro, e a chuva impediu a celebração da missa aqui. Conforme o cronograma, o evento foi cancelado. Fizeram um seguro em caso de cancelamento do show, e quem é responsável pela escolha do local deve ser o responsável pelo cancelamento. Como podemos ver, tantas mudanças podem ocorrer uma vez que o contrato é assinado, que um robusto painel de controle listando, mapeando e identificando todas as mudanças que podem ocorrer é gerado. A gestão de expectativas é um dos melhores meios para prevenir conflitos. O painel de controle e o Ring podem ajudá-lo, incluindo todas essas possíveis mudanças, assim como o tempo pode mudar e as coisas evoluírem.

j. **Padrões Técnicos**: Se houver um risco de impacto financeiro das políticas públicas em nosso negócio, qual a avaliação a ser feita? Será que o contrato que negociamos levou em conta as mudanças de normas internacionais de segurança em aviões? Estamos em conformidade técnica com esse contrato negociado? Quando nós treinamos as vendas e o departamento jurídico da Embraer, percebemos como os dados técnicos e as inúmeras peças técnicas podem fazer o avião ser um produto personalizado. É exclusivo de cada companhia aérea ter suas seus próprios dados, necessidades e padrões. Será que a proposta do Avião Rafale encaixa-se com a necessidade do governo brasileiro ou o avião Saab é mais adaptado para riscos locais? Jenny Lau, de Hong Kong, relata que, quando ela compra jatos particulares para seus clientes chineses, seja da Embraer para Jackie Chan, ou um Gulfstream vs Bombardier, é preciso determinar os riscos técnicos e as oportunidades de corresponder às necessidades e desejos de seus clientes. Dessa forma, você precisa inserir Megadados em seu sistema de informação para mapear todas as especificidades detalhadas de cada avião, salvando essa memória na organização do fornecedor e na sua, agindo como comprador. Na Air France, ao trabalhar na áera de compras do Airbus A320, a identificação de todos os riscos e os custos de manutenção de cada peça eram mais importantes do que a supervalorização de um avião. Você procura e quer saber a duração do motor, o custo de manutenção, o risco de defeitos, o nível de estoque que é preciso para as peças, a disponibilidade de peças de reposição e a velocidade de entrega. Quando você compra um Fiat ou um Volkswagen em alguns países, a peça de reposição pode variar muito, ou algumas marcas dão baixa após o serviço de vendas, de forma que pode você pode levar dias para reparar o seu carro. Assim, todo o custo técnico escondido é uma probabilidade e você deve focar sua atenção nisso. Se, por exemplo, você quiser pintar sua casa, chame um especialista neutro para ir até ela e verificar todos os custos, especialmente se você não sabe nada sobre tintas e técnicas de pintura. A empresa que presta esse serviço pode fazer você assinar um contrato que parece ser bom, então, é a oportunidade de ver todos os custos ocultos assim como, se quiser a melhor pintura, pode ser preciso fazer duas, uma sobre a outra, e vai custar mais. Muitas armadilhas existem com o risco técnico. Quando treinamos todo o departamento de terceirização da Petrobras de Exploração e Produção, que compra mais de 50 bilhões de dólares por ano, sendo o maior comprador do mundo, percebi que criam um valor, geram redução de custos e a avaliação de riscos que fazem é para tomar a melhor decisão. Saiba como comprar com especialistas, que devem ser um negociador, um facilitador, um arranjador que pode reunir um especialista financeiro com um técnico e um jurista, produzindo um bom trabalho. Muitas empresas não conseguem a equação entre esses três riscos porque existe um jogo de poder, o que chamamos de: "Triângulo das Bermudas", em que a informação e os riscos se perdem, e a má negociação acontece.

k. **Padrões de supervisão.** Uma vez feito o acordo, não se descuide, é preciso prosseguir até a etapa seguinte: o monitoramento de todas as cláusulas do contrato. Alguns exemplos: atraso de 20 dias na entrega significa que o nível de toxicidade dos produtos químicos está aumentados mais que dois ppm. Se acontecer um acidente no local da construção, há, por segurança, como definido globalmente, uma necessidade de criar normas da mesma forma que a FIFA – um sistema operacional de coordenação das regras para todos no futebol, um padrão mundial de árbitros e circulação de jogadores, árbitros e técnicos. Imagine se pudéssemos harmonizar as normas ambientais, o sistema de informações da polícia, como a Interpol, para todos os tipos de problemas? Não faz sentido um país fazer um esforço para reduzir o CO2 se outros países não monitoram e não fazem o mesmo esforço. O mundo precisa harmonizar as normas para reduzir os atritos, as lacunas no desenvolvimento e os conflitos de comércio. A Organização Mundial do Comércio (OMC) tem sérios desafios para a harmonização das normas técnicas, normas laborais, normas ambientais, o que seria um conjunto de regras que fazem o negócio ser justo e equilibrado. Como Nicolas Berggruen mencionou em seu site do Instituto Berggruen, uma Comissão Mista de The Lancet e da Universidade de Oslo, na Noruega, descreve como os desequilíbrios de poder entre as nações vem minando os esforços globais referentes à saúde. Uma melhor governança poderá ajudar a resolver o problema.

3.10 Tempo

Tempo é uma das principais fontes de conflito em todo o mundo, de acordo com muitas pesquisas. Se é verdade que nós gastamos 80% do nosso tempo em negociação e isso é muitas vezes percebido como forma negativa de passar o tempo, então, como podemos fazê-lo de uma forma mais eficaz e agradável? Vimos, com a técnica de Newgociação, que nós temos que ir devagar para ir mais rápido: é preciso respeitar o tempo de preparação, não podemos queimar a etapa de criação de valor para saltar para a etapa de distribuição. Então, como eles estão cansados, mais negotiator negligencia o acompanhamento até a etapa seguinte. Assim, pense nas primeiras coisas, que são passar o tempo na preparação: insira os dados no painel de controle com os seus dez elementos e os dez elementos do outro. Não coloque pressão durante a etapa de criação de valor, trata-se de ter tempo para conhecerem-se um ao outro: escuta, confiança, compreensão, invenção. Você pode identificar, durante a etapa de criação de valor, se o seu interlocutor está desesperado para fechar um negócio porque é urgente para ele. Ao contrário, se entendemos que ele quer um passo a passo progressivo e parceria, a negociação vai durar um longo tempo. Você verá qual é o contexto e como ele afeta o conceito de tempo.

Se houver incerteza quanto às perspectivas futuras, você pode querer fazer o que chamamos anteriormente de um contrato de contingência, utilizando padrões e conhecimentos para apoiar a decisão: se em seis meses você atingir esta meta/padrão, receberá um bônus de 5%; se não atingir esta meta/padrão, receberá um bônus de 2%. Contratos de contingência ajudam a decidir, agora, quando há incerteza em ambos os lados sobre o futuro. Como mencionamos, o estilo dos negociadores pode afetar a visão do tempo: o autoritário pode ser avesso ao risco, mais pessimista, ele pode falar sobre o passado, o seu passado, os seus diplomas e é menos propenso a fazer mudanças para o futuro. Igualmente, o controlador, que é avesso ao risco, não gosta de delegar, pois ele sente medo. O tranquilo, pessimista, vê riscos de acidentes e bandeiras vermelhas o tempo todo: lento, formal, gosta de ir passo a passo. O facilitador é mais equilibrado, tenta mitigar as lacunas de percepção, provavelmente para sugerir unir descobertas de fatos e contratos de contingência. O empreendedor está mais otimista, ele é como o investidor de capital de risco, pronto para apostar no futuro, ele é um ímã da felicidade com o seu entusiasmo inventando novos projetos. Ele sente mais a pressão do tempo, quer ser rápido e o primeiro, um pioneiro. O visionário é mais voltado a longo prazo, nada de compensação amanhã ou depois de amanhã, mas sim depois de vários anos. O visionário olha para a eternidade, o legado. Uma vez que entendemos o contexto e a relação com o tempo, torna-se claro como gerenciar o tempo. Se você estiver com pressa para fechar um negócio, pode pedir um prazo, ou criar um consenso sobre a aceitação mútua de um prazo. O problema com o prazo final é que ele cria uma pressão, logo, menos tempo para gastar com a criação de valor. Você talvez não seja capaz de explorar todos os quatro chapéus de fornecedor, cliente, complementador e concorrente. Você pode não ter muito tempo para definir as lacunas de conhecimento, logo, ficar sem clareza e esperteza como trabalhar. Além disso, se você estiver com o prazo curto, pode negligenciar a preparação, reunir padrões menos técnicos ou de preços, análise sobre a lei, conhecimento sobre informação e riscos. Então, terá menos tempo listando todos os juros e inventando todas as opções para combinar com eles, e é provável que, ainda, tenha um pequeno pacote de opções a serem transformadas em concessão na etapa de distribuição de valor. Quanto menos opções, mais distributiva a negociação se tornará. Portanto, em outras palavras, menos chances de ganhos mútuos e menos chances de fechar negócio quando você tem prazos. A única coisa boa é que o poder e o tempo colocarão a pressão para fechar um negócio. Uma boa maneira de equilibrar o risco de baixo valor e baixa probabilidade de fazer o negócio é o fator de produtividade.

Por outro lado, não tendo prazo, dar todo o tempo para fazer uma preparação consistente e detalhada abre o caminho para ter uma sólida etapa de criação de valor com todo o tempo para construir o sentimento, a confiança, o porquê. Não há nenhuma pressão de tempo para Newgotiators trocem em uma conversa exploratória, fazerem uma sessão de reflexão com mais interesse. Pelo contrário, há um grande pacote de opções.

Além da incerteza, otimismo, pessimismo, com foco sobre o passado com a intenção no presente, com foco sobre curto prazo, com foco no longo prazo, há mais ferramentas para corrigir problemas de tempo do que contingência e prazos. Há também um espaço cultural com o tempo. Em alguns países, como o Brasil, é tolerado chegar 20 minutos atrasado em um jantar, entende-se que, se você foi convidado para uma festa às 21h, deve chegar às 23h, se não, 1h.

Conclusão

Newgociação é um novo sistema integrado para promover a mentalidade dos negociadores bem-sucedidos.

Integra uma abordagem global com técnicas baseadas em quatro passos e dez elementos que ajudam a conduzir um processo de negociação. Você viu como a mentalidade baseia-se nos valores, crenças, no modo de ser e nos estilos de liderança. Essa mentalidade baseada na ética, elegância moral e racionalidade corresponde a um processo. Você nunca vai aprender a ser um grande negociador se não tiver clareza sobre a preparação e os objetivos. Você realmente precisa de um painel de controle com uma lista para verificação da preparação. A biologia do Newgotiators, a psicologia dos Newgotiators e as emoções dos Newgotiators podem ser representadas em um painel de controle com os dez elementos, que são os componentes universais de qualquer negociação. Depois de ter introduzido à sua lista de elementos e à lista de verificação da outra parte, você tem uma visão clara dos problemas e das oportunidades. A ferramenta da tecnologia da informação ajuda a envolver a Newgociação com a etapa de criação de valor. A etapa de criação de valor será metodicamente conduzida pelo uso e exploração dos elementos: interesses, opções, comunicação, relacionamento e poder. Iniciando uma Newgociação com o passo da criação de valor haverá a criação de um clima relacional, facilitando a construção da confiança. Trata-se da realização de *brainstorming* e conversa exploratória, definir o porquê, a construção da confiança e a preferência. Essa etapa cooperativa é seguida pelo passo distribuição de valor, que é mais competitivo, é o momento crítico na Newgociação, pois trata-se do preço, ou núcleo da questão. A etapa de distribuição de valor se voltará para o uso de provas, tratando o outro com imparcialidade e neutralidade. O uso dos doze elementos de conformidade legal, normas, concessões, comunicação e relacionamento ajudarão a diminuir a tensão e facilitarão a construção do consenso. O acompanhamento até a etapa funcionará como monitorar as decisões, ter decisão e ação.

No entanto, mais do que qualquer coisa, você pode entender a psicologia, a mentalidade, a cultura e o conceito de Newgociação, mas não há nada como a prática para aprender a ser um Newgotiator. O Ring da Newgociação é realmente a melhor maneira de aprender, uma vez que você tenha compreendido os dez elementos e a linguagem em Newgociação. Não há nada melhor do que colocar um caso de negociação e ter uma rede social *peer to peer* de colaboração de referência, compartilhar experiências e encontrar uma solução em conjunto. Outra ferramenta que é muito importante é a memória e a transmissão da experiência de negociações, de um modo a não reinventar a roda cada vez que você negociar. O painel de controle de negociação de compra de computador é um software que melhora a probabilidade de fazer um acordo, a produtividade para fazer um acordo e o valor do negócio. O repertório de experiências semelhantes torna-se um treinamento para acelerar a busca de solução de conflitos ou fazer negócios. Se entrar na era da transparência, se entrar na era da civilização empática e se a ciência da psicologia positiva mostra que somos feitos para sermos feliz: bem-vindo ao mundo Newgociação!

Apêndice: New Deal, um Caso Emblemático

Lawrence Susskind, em seu livro *Construir para Ganhar*, expõe como empresas como a HP administram para conseguir criar dinheiro novo usando mecanismos de cooperação organizacional de forma a negociar, em outras palavras, quebrar os ovos de cada departamento para fazer uma omelete só. Criaram uma cooperativa de aprendizagem coletiva olhando para a maximização de todos os interesses e opções que poderiam ser inventados com a Intel. A. Brandenburger e Barry Nalebuff usam este caso em seu livro *Coopetition, uma Nova Mentalidade para ser Cooperativo e Competitivo*. Newgociação é exatamente tudo sobre ser cooperativo e competitivo. Cooperativo ao ser transparente em revelar seu interesse e criar opções para aumentar o tamanho do bolo, e competitivo quando se trata de dividir e agarrar o bolo aumentado. Vamos inventar o que talvez pudesse ser uma Newgociação entre uma empresa como a HP e a Intel, em que a Intel poderia usar vários chapéus, ter se transformado e ter uma rica troca de relacionamento com a HP.

Comumente, um negociador de vendas da Intel iria a uma reunião com um negociador de suprimentos HP. Dependendo do contexto da oferta e da demanda, o nível de intensidade da procura de uma necessidade ou de um desejo, a Intel poderia fazer a ancoragem de um preço de acordo com um certo volume. Vamos imaginar que, nesse cenário de ficção, a Intel propusesse um preço de R$ 2 milhões para números X de chips.

A HP responderia que está disposta a pagar R$ 1 milhão para o número X de chips. A Zona de Possível Acordo (ZOPA) é de um a dois, essa é a lacuna que precisam reduzir para chegar a um acordo. Para complicar as coisas, vamos imaginar que a Intel tenha uma melhor alternativa para um acordo negociado (BATNA), um plano B, outro cliente disposto a pagar R$ 1 milhão para este volume X de chips. Vamos imaginar que a HP também tenha outro fornecedor disposto a vender um volume X de Chip por R$ 1 milhão. Cada uma das partes, a HP cliente e o fornecedor Intel, acham melhor não fazer concessão nem negociação demais. Eles dariam o que William Ury chama de "*Positive No*". Quando a negociação é focada no preço, uma negociação distributiva, a probabilidade de fazer um negócio não é muito elevada. Quando eu perguntei para escritórios de advocacia qual é a probabilidade de eles fecharem uma negociação de fusão/aquisição, eles disseram 30%. Quando eu pedi ao grupo de consultoria da FGV, entre 100 projetos, quantos fecham um negócio, dizem 30%. A maioria das empresas do mundo tem apenas cerca de 30% de chances de fechamento, pois fazem a ancoragem de preço imediatamente e permanecem com a missão impossível de reduzir a diferença com ambas as partes com um bom Plano B, que lhes permite dizer não. No caso de nenhuma das partes negociadoras ter um plano B, tanto faz a concessão. Fechando por R$ 1,5 milhões, em teoria, se ele fosse vendido por R$ 2 milhões, geraria uma satisfação (2,0) da Intel. Se ele fosse vendido por R$ 1milhão, a satisfação seria de (0,2) para que a HP ganhasse a negociação. Com um acordo de R$ 1,5 milhões eles poderiam ter uma negociação ganha / ganha, e ficar satisfeitos. (1,1).

Se a probabilidade de fechar um negócio era de 30%, eles ficariam felizes, pois fecharam contra todas as probabilidades e fizeram uma negociação ganha/ganha. No entanto, eles tinham uma racionalidade limitada, uma visão limitada de como um bom negócio poderia ter acontecido.

O que Newgociação ensinou a empresas como Sony, Monsanto, Johnson & Johnson ou Praxair/White Martins é aprender a adiar o momento de fazer a ancoragem do preço e apenas passar o tempo estendendo o relacionamento com mais chapéus. Eles aprenderam como melhorar a probabilidade de fechar um negócio, ter mais valor no negócio e obter uma velocidade melhor para fazer um acordo. Vejamos como o nosso cenário inventado de como poderia ser um quadro Newgociação HP/Intel. No caso da HP e Intel, esta última usou, como imaginamos, o chapéu de um fornecedor. Em vez de se colocar e se comportar como um fornecedor apenas para vender chips, vamos imaginar, por um minuto, que a HP e Intel pudessem imaginar uma maior bolsa. Como poderíamos criar valor e obter ganhos mútuos? Inicialmente, a negociação da Intel poderia vislumbrar uma maior bolsa. Como poderíamos criar valor e obter ganhos mútuos? Inicialmente, a negociação foi

1. Intel com chapéu de Fornecedor vende Chip 1 --- 2 fecharam R$1,5 milhões (apoderar-se do bolo)

   A Intel poderia, agora, mudar a natureza de sua identidade, da maneira de ser um fornecedor e se tornar um cliente. Na verdade, poderiam perguntar à HP se poderiam vender, para eles, computadores e impressoras.

   Ou a HP, com o seu departamento de suprimentos, poderia convidar o departamento de vendas da HP para sentar-se à mesa das negociações para vender impressoras. Seria mais trabalhoso para o departamento de suprimentos pedir ao departamento de vendas para vir, mas valeria a pena o esforço, pois a Intel teria interesse em comprar um computador e seria uma opção de R$ 1 milhão para X computadores. A HP, por outro lado, gostaria de vender por R$ 2 milhões X computadores. A mesma coisa para as impressoras, mesma ZOPA. Vamos imaginar que eles fechassem R$ 1.500 dólares cada X número de impressoras e um X número de computadores.

2. Intel com chapéu de Cliente compra computadores 1 --- 2, fecham 1.5 (Valor total do contrato / aumento do bolo 1,5 +1,5 = 3 milhões).

3. Intel com chapéu de Cliente compra Impressoras 1 --- 2 fecham 1.5 (Valor total do contrato 3+1.5 = 4,5 milhões).

   Em seguida, em Newgociação e na forma de uma conversa exploratória descontraída, com *brainstorming* agradável, eles ainda conversariam sobre seus interesses financeiros. Eles criariam uma opção para a HP dar um bom crédito para Intel, ajudando-a na construção de uma fábrica de chips ao lado de sua linha de montagem de computadores, crédito este que poderia ser de 1% ou 2%. Vamos supor que eles fechassem 1%, o que faria a Intel para economizar R$ 1 milhão e acelerar a construção da planta em vez de negociar com os bancos? Vamos supor que economizam 10% graças a esse chapéu de cliente de crédito para a HP na venda de serviços financeiros. Eles também fariam um *brainstorming* sobre o fluxo de caixa e concordariam com o pagamento em 60 dias em vez de 30, e que a Intel iria pagar em 60 dias os computadores e impressoras em vez de 30 dias. Com isso, poderiam ganhar o valor de R$ 1 milhão.

4. Intel Cliente de serviços de crédito financeiro: 2 --- 1 : fecharam 1 milhão reduzindo os custos de crédito. Valor total do contrato 4.5 +1 = R$ 5.5 milhões

5. Intel Cliente de pagamento financeiro, com prazo de pagamento: 60 dias ou 30 dias: fecharam 60 dias e salvaram R$ 1 milhão (reduziram seus custos e melhoraram seu fluxo de caixa em R$ 1 milhão). Valor total do contrato = R$ 5.5 milhões + R$ 1 milhão = R$ 6.5 milhões.

Eles também exploraram a logística de juros e criariam diferentes opções: a HP faz a entrega dos computadores à Intel, com seu caminhão e, na volta, carrega os chips Intel para a fábrica HP. Economizam custos de R$ 1,5 milhões para ambas as partes. Foi um esforço maior para a HP chamar para a mesa de Newgociação o departamento de logística que nada tinha a ver, inicialmente, com a compra dos chips. De repente, temos a terceirização, as vendas, a contabilidade e o departamento financeiro com o departamento de logística em uma mesma mesa falando com a HP.

6. Intel Cliente de serviços de logística terceirizados: uma viagem ou duas viagens: fecharam uma viagem e economizaram R$ 1,5 milhões. Valor total do contrato 6.5 + 1.5 = 8 milhões.

Depois disso, exploraram mais interesses. E sobre o marketing? O departamento de suprimentos chamou o setor de publicidade, que explicou que tinha, em nosso cenário fictício, R$ 100 milhões de orçamento. Vamos imaginar que a Intel só tivesse 10 milhões do orçamento de publicidade. Eles têm diferentes opções, como fazer publicidade em separado ou em conjunto, falando sobre cinco segundos ou dois segundos. Eles fecham um acordo para fazer uma propaganda conjunta de 90 milhões pagos pela HP e 10 milhões pagos pela Intel por cinco segundos de aparição da marca no anúncio do computador da HP.

Isto significa que a Intel está ganhando muito. Para um valor de R$ 100 milhões, paga R$ 10 milhões, e a HP economizou R$ 10 milhões para R$ 100 milhões de acréscimo. A Intel torna-se um complemento da HP, um parceiro, um colaborador, um provedor.

7. Intel Chapéu de complemento da propaganda na TV com uma opção 100 --- R$ 10 milhões (Fecharam – compartilhar a soma e se considerarmos o valor do contrato do lado da HP, foram criados 8+10 = 18 milhões de valor do contrato)

A Intel também explorou outra opção sobre o interesse Marketing. Colocar um adesivo Intel Inside em cada computador. Isso permitiria que o mercado conhecesse a marca Intel, e do lado HP, seu cálculo do valor do anúncio dizendo que seu computador tem um bom chip de confiança.

A criação de uma marca é de enorme valor. Só para dar um exemplo, a Apple vendeu R$ 156 bilhões em 2012, seu valor de marca é R$ 98,3 bilhões, e a capitalização de mercado, R$ 415,000 milhões em 2012. A Apple vende computador para o seu cliente e o que traz ainda mais valor é a venda com a marca para atrair o acionista, que deseja trazer mais do que duas vezes mais valor do que as vendas. Em nosso cenário fictício de HP e Intel, a Intel está interessada em vendas, mas o que é muito importante é a criação de uma marca, que irá aumentar a sua capitalização de mercado.

Quem de nós saberia o que é a Intel se não houvesse o adesivo no computador? Quem realmente sabe o nome de seu modelo, que é tão importante quanto um chip de computador moderno? Assim, com a opção da etiqueta ou sem etiqueta, a HP está criando um padrão de qualidade para o seu computador e oferecendo o reconhecimento da marca para a Intel. Eles podem ser facilmente rentabilizados para ambas as empresas. Vamos supor que, com a etiqueta, a HP fará R$ 10 milhões de receita adicional, e que a Intel irá gerar R$ 20 milhões a mais de receita, o dobro do valor de sua marca, duplicando a sua capitalização de mercado no valor de 100 milhões.

A Intel já estaria ganhando muito mais do que a HP nessa negociação com a publicidade quase gratuita em relação aos R$ 90 milhões, e agora, R$ 100 milhões para a etiqueta.

8. Intel complementador da Etiqueta: Etiqueta --- Não Etiqueta. (Fecharam com etiqueta e criaram um novo valor para a HP, R$ 10 milhões. 18+10 = R$ 28 milhões).

Suprimentos extende sua comunidade para essa negociação convidando o P&D e o Marketing para sentarem-se à mesa. Com o departamento de vendas da Intel, eles continuaram a conversa exploratória na forma de *brainstorming* e conseguiram identificar outro interesse. A HP tem o pulso do mercado, sentindo, com ele, se a multidão vai para jogos ou redes sociais, identificando os novos gostos, necessidades, desejos das pessoas e informando aos engenheiros da Intel. Esta última poderia beneficiar-se dessa informação para construir um novo chip que iria satisfazer a procura e dá-lo, em primeira mão, para a HP, o que traria uma vantagem competitiva para esta empresa em relação a outros fabricantes de computadores. O valor dessa informação estaria permitindo que um novo cenário, com diferentes opções sobre os complementadores para marketing e novos produtos. Não havia a opção de pagar a pesquisa de marketing para a Intel ou ter a HP como fornecedora proporcionando o tempo de um ano de exclusividade dos co-criados novos produtos.

9. O complementador da pesquisa de mercado de novo produto R&D exclusivamente por seis meses ou um ano (Intel salvou R$ 1 milhão em pesquisa de mercado e a HP ganhou R$ 10 milhões de vantagem competitiva, com vantagem de mercado e de ações, e aumento de vendas. 28 +10 = R$ 38 milhões, apoderando-se de um novo pedaço do bol, com redução de custos e valor para ambas as partes).

Ainda há muito a ser trocado para criar mais links no relacionamento. O departamento de suprimentos pode trazer o departamento jurídico e o departamento de P&D para conversar mais com a Intel de forma a criar um padrão ou registrar uma etiqueta, que se tornará a norma da indústria. Ainda há muito a ser trocado para criar mais links no relacionamento. O departamento de suprimentos pode trazer o departamento jurídico e o departamento de P&D para conversar mais com a Intel para criar um padrão ou registrar-se uma marca que se tornará padrão da indústria. Você deve se lembrar que a Sony criou o gravador de vídeo Betamax. Na época, a tecnologia era grande, mas a Sony não fez alianças suficientes para se tornar um padrão, portanto, quando você ia a uma locadora de vídeo, não havia fitas Betamax, só VHS, que se acabou tornando-se o padrão dominante. A batalha sobre a configuração padrão da indústria é, muitas vezes, a chave para construir uma vantagem competitiva. Olhe para o Android: como foi tornar-se o padrão na competição contra o sistema Apple iOS? A Intel e a HP criariam um padrão de indústria ou uma patente que poderia ter um forte valor de mercado. A equipe de projeto Santa Clara, em 1993, embarcou em um sucessor para a arquitetura x86, com o codinome "P7". A primeira tentativa foi abandonada um ano depois, mas rapidamente revivida em um programa de cooperação com os engenheiros da Hewlett-Packard, e a Intel logo assumiu a responsabilidade de projeto preliminar. O resultado da implementação da arquitetura do IA-64 64-bit foi o Itanium, finalmente lançado em em junho de 2001.

10. Intel HP criando juntos design de microcondutores: imagine o ganho de *market share* da patente de R$ 10 milhões por um ano, ou opção de uma longa cooperação de dois anos para R$ 20 milhões. R$ 8 milhões + R$ 10 milhões = R$ 48 milhões.

A negociação pode criar mais interesse e propor mais opções aos concorrentes. A Intel é uma concorrente no *cluster* do vale do Silício, onde os fabricantes ficam perto uns dos outros, atentos, sentindo para que lado o vento sopra, e assim, estarem constantemente em evolução para permanecerem vivas. É um lugar onde você é obrigado a sentir o cheiro para onde vai o mercado e como os concorrentes jogam. Imagine a Apple lançando o iPad, de repente tudo muda o nome do jogo, o estilo de vida dos computadores, o desktop pode se tornar menos prático e os consumidores passam a preferir os mais novos tipos de computadores. O Brasil tinha um computador nacional chamado Cobra, sob legislação protecionista, e a empresa estava em sua zona de conforto. O dia em que o Brasil teve que abrir as suas barreiras para acordo de livre comércio, a Cobra foi à falência, porque ficou muito tempo na zona de conforto. É o mesmo com a Bull, empresa francesa de computadores que não chegava perto de concorrentes e assim perdeu a sua competitividade. Cesar Cielo, medalha de ouro de natação, disse que era o melhor no seu país, mas que nunca ganharia a sua medalha se não tivesse ido para a Austrália, na Nova Zelândia, Alemanha e Estados Unidos para desafiar-se e observer os melhores nadadores. Ao olhar para Michael Phelps e outros nadadores, ele aprendeu por imitação e provou para si mesmo a sua paixão. A Apple e a Samsung têm também um relacionamento rico e complexo, mas estão em luta no tribunal como concorrentes para o uso de patente, mas a Samsung é o fornecedor das belas telas da Apple, então a pode ter o chapéu de fornecedor e ser também um concorrente sobre patentes, smartphone. No caso da HP e Intel, a Intel não deu exclusividade à HP quanto aos microprocessadores, ela vendia para Dell, Sony, Lenovo e outros. Não é necessariamente um meio, mas é um desafio, para a HP, manter-se competitiva. O valor da competitividade e a manutenção ou melhoria das cotas de mercado pode ser imaginado em termos de aumento de vendas, então, vamos imaginar, em nosso cenário fictício pedagógico, que a Intel aumenta.

11. Fatia de mercado aumenta a concorrência e a competitividade: R$ 48 milhões + R$ 10 milhões = R$ 58 milhões.

    Então, os departamentos jurídicos da HP e da Intel poderiam perceber a possibilidade de se unirem, como os fabricantes do Vale do Silício, para fazer lobby com o governo para negociar competitividade e rentabilidade vantajosa. O Facebook, por exemplo, está pressionando o governo para fazer a reforma da migração e conseguir que as pessoas mais inteligentes do mundo trabalhem em seu quartel-general. A Intel e a HP poderiam pressionar o governo para reduzir o imposto sobre o consumo do computador e, assim, aumentar suas vendas. Ao dividir os custos de pagar por eleições de senadores, eleição parlamentar, campanha presidencial para um mesmo propósito, eles poderiam ter eficiência em ganhar com esse investimento. Alega-se, no filme *Inside Job*, que Wall Street paga R$ 4 bilhões em lobby, anualment,e para ter governo protegendo seus interesses por meio de empresas de lobby. O livro notável de Robert Reich, *Supercapitalism*, mostra como os mercados estão invadindo a praça pública do governo para governá-lo. As pessoas vão para o governo e voltam para o setor privado, com gratificações pelo bom serviço feito para a América corporativa, o que não é necessário para o cidadão público ou consumidor vítima de *subprime,* de resgates de grandes bancos. Assim, com o lobby conjunto, usando paraísos fiscais, redução de custos e criação de mão de obra barata, a Intel e a HP poderiam, em teoria, nesse nosso cenário fictício, fazer R$ 500 milhões de dinheiro novo em um ano.

12. Agora estamos falando de redução de custos e ganhos fiscais de R$ 558 milhões = R$ 558 milhões da nova captação do bolo para a Intel e a HP com essa nova dose de estilo Newgociação.

    Depois de todos esses interesses identificados, de forma que a Intel poderia assumir vários chapéus, tanto de fornecedor, cliente, complementador e concorrente, eles poderiam identificar mais um interesse e criar opções a partir dele, por exemplo, a Responsabilidade Social. Intel e HP poderiam criar uma fundação sem fins lucrativos, que poderia financiar programas sociais. Intel, HP e GE criaram um fundo comum para esse propósito, por exemplo. Com tal uso da organização sem fins lucrativos, poderiam ter 10% de redução de impostos para fazer marketing global, atraindo trabalhadores, acionistas e clientes que gostam da imagem de visionário, o modo de ser Madre Teresa dos tempos modernos. Vamos imaginar que esse fundo, que daria grande visibilidade e reconhecimento para a marca, iria reduzir R$ 32 milhões em impostos e criar um valor de marca de R$ 90 milhões.

13. Tudo de repente, o valor total do contrato se tornou 58 +32 +90 = R$ 690 milhões.

A negociação inicial foi um valor contratual de R$ 1,5 milhões e acabou sendo de R$ 690 milhões. Assim como para a Disney, que acha que o preço é 10% das razões para o cliente não voltar, vemos que o preço, que parecia chave do interessado no início da negociação, acabou sendo quase negligenciado em comparação com o valor total criado, a proximidade da relação facilitada, o objetivo de uma relação rica em emoções positivas.

Newgociação torna-se a arte de construir uma molécula de alcance com transações ricas com os quatro chapéus dos relacionamentos Newgociação. Quando os negociadores veem tudo o que eles podem trocar e ganhar, já não se torna uma negociação distributiva, mas uma negociação integrativa. Um processo que é tanto cooperativo quanto competitivo.

Eles podem assinar um contrato de confidencialidade para pessoas de fora da relação e tornar a informação aberta para todos os internos da Intel e HP. Eles podem colocar uma cláusula de compromisso, ou não se comprometer a continuar depois de cinco anos de cooperação. Eles podem estabelecer uma multa se a entrega dos microprocessadores, impressoras e computadores chegarem fora do prazo estipulado. Podem trocar o CEO para desenvolver a integração orgânica de ambas as companhias. Ainda há muitas opções de gerenciamento a serem inventadas para coincidir com o desempenho da gestão de juros. Por exemplo, compartilhar a compra de mobiliário de escritório, água e café. A centralização da compra poderia reduzir R$ 10 milhões de custo operacional.

14. R$ 690 + R$ 10 milhões = R$ 700 milhões

Os benefícios da negociação com os múltiplos chapéus e 14 interesses têm a permissão para criar muito mais valor do que seria o esperado. Mais importante ainda, esse cenário é o processo de aprendizagem de negociação, a arte de quebrar o final para fazer uma omelete. A maioria das empresas não são capazes de reunir todos os departamentos diferentes na mesma mesa de negociação. Em nosso caso, foi possível para o departamento de suprimentos trazer junto o RH, P&D, Marketing, Finanças, Jurídico, Logística, Vendas, Compras, Responsabilidade Social, Patente, Relações com departamentos governamentais. Romper as fronteiras organizacionais e aprender a cooperar um árduo trabalho, se considerarmos que o acordo inicial de R$ 1,5 milhão, como acordo (1,1), exigiu um grande trabalho para mapear todos os interesses, criar uma governança participativa, com a facilitação do departamento de suprimentos para identificar possíveis interesses e inventar opções sem compromisso durante uma conversa exploratória para criar valor.

A principal inovação é o processo de auto-aprendizagem, compartilhando a experiência organizacional, como um meio de criação de dados para memorizar negociações. Imagine se a HP Espanha encontrasse, depois de seis meses de negociação, este resultado de R$ 700 milhões, de equilíbrio (400-300) em vez de (1,1). O software Newgociação permitiria que a negociação espanhola inserisse todos os elementos dessa negociação, e qualquer negociador da HP Dinamarca, por exemplo, encontraria todas as informações sobre como a HP fez na Espanha (400 – 300) convergindo, de imediato, para esse equilíbrio ideal. Seria evitar a reinvenção da roda, reiniciar tudo de novo a partir do zero.

Agora, é então possível alcançar um equilíbrio (400 – 300), durante um minuto, em vez de seis meses. É possível aumentar a apreensão do bolo de 1,5 +1,5 = 3 até 400 – 300 = 700. A partir de agora, é possível construir uma plataforma, um espaço de troca de experiências e auto--aprendizagem que permitirá que os indivíduos e as empresas maximizem: a probabilidade de fechar um negócio, a velocidade de fechar um negócio e o valor de um negócio. No caso descrito, a probabilidade de fechar um negócio é 100% uma vez que a HP e a Intel exploraram os 14 interesses, criando um conjunto de, pelo menos, 28 opções que poderiam satisfazer esses interesses.

Referências Bibliográficas

A. Damasio. *The Feeling of What Happens: Body and Emotion in the Making of Consciousness*, Harcourt. 1999

A. Lempereur, A. Colson, Y. Duzert org. *Metodo de Negociação*. Editora Atlas. 2008

A.Levitt and Waren Buffett. *Take on the Street, what Wall Street and Corporate America don't want you to know*. Pantheon. 2002.

A. Sen. *Ethics and Economy*. Oxford Publishing. 1988.

B. Cavalcanti, Y. Duzert, E. Marques. *Guerreiro Ramos*. Editora FGV. 2014.

B. Clinton. *Giving*. Knopf Publishing.

B. Nalebuff and A. Brandenburger. *Coopetition*. Currency Doubleplay. 1997

D. Goleman. *Focus, the Hidden Driver of Excellence*. Harper Collins. 2013.

D. Goleman. *Gentle Bridges*. Shambhala Publications. 2001

D. Goleman. T*he Brain and Emotional Intelligence*. Batham Books. 2014

David Lax & James Sebenius. *3D Negotiation: Powerful Tools to Change the Game in Your Most Important Deals*. Harvard University Press. 2011

E. Schmitt. *Nova Era Digital*. Knopf Publishing. 2013

F. Saltman. *Votre meilleur remède c'est vous*. Albin Michel. 2013

F. Varela. *Embodied Mind*. MIT Press

G. Cavalcanti. *Decolando para o Futuro*. 2012

G. Klein. Sources of Power. *How People Make Decisions*. MIT Press. 1999

Guhan Subramanian. *The New Strategy of Negotiauctions*.

H. Movius and L. Susskind. *Built to Win*. Harvard University Press. 2009

H. Raiffa. Negotiation Analysis: *The Science and Art of Collaborative Decision*. 2004

H. Raiffa. *The art and Science of Negotiation*. Harvard University Press. 1993

H. Simon. *Models of Bound Rationality*. MIT Press.

H. Simon. *Models of bounded Rationality*. MIT Press. 1997

Ingrid Paola Stoeckicht, Dorval Olivio Mallman, João C. Men, Yann Duzert. *Negociação Internacional*. Editora FGV. 2014

J. Attali. *Urgence Francaise*. Editions Fayard. 2014.

J. Casablancas. *Vida Modelo*. Agir. 2008

J. Gray. *Man are from Mars and Women from Venus*. HarperCollins. 2004.

J. Sebenius and Lax. *The Manager as Negotiator*. Free Press. 2011.

J. Sebenius, A. Lempereur. Y. Duzert. *Manual de Negociações Complexas*. Editora FGV. 2004.

J. Welsh. *Straigth from the Gut*. Business Plus. 2003

J. Welsh. *Winning*. Harper Collins. 2013

J.P. *Dupuy on the Origins of Cognitive Science: The Mechanization of the Mind*. MIT Press. 2009.

K Arrow, R. Mnookin, L. Ross, A. Tversky, Y. Duzert. *Obstáculos para Resolução de Conflitos*. Editora FGV/Saraiva. 2007.

L. Susskind, Y Duzert, A. Lempereur. *Faciliter la Concertation*. Editions Eyrolles. 2010.

L. Susskind, Y. Duzert. J. Cruickshank. *Quando a Maioria não Basta*. Editora FGV. 2008.

L. Susskind. *Good for You, Great for Me*. Public Affairs. 2014.

M. Bazerman. *Predictable Surprise*. Perseus Publishing. 2008.

M. Bazerman. *With Technical Revision* Yann Duzert. *Processo Decisório*. Editora Campus. 2014

M. Hardt and A. Negri. *Empire*. Harvard University Press. 2000.

M. Mobius *Passport to Profit*. Grand Central Publishing. 2000.

M. Naim. *The end of Power*. Basic books. 2013

M. Seligman. *Authentic Happiness*. Atria Books. 2004

M. Simionato. *Competências emocionais*. Qualitymark.2009

M. Simionato. *O fator emocional nas negociações*. Qualitymark.2011

M. Simionato. *Liderança para Advogados*. FGV Saraiva. 2013

M. Simionato *et* al. *Resolução de conflitos – Fundamentos da Negociação Para o Ambiente Jurídico*. FGV Saraiva. 2014

M. Wheeler. *The Art of Negotiation: How to Improvise Agreement in a Chaotic World*. Simon&Shuster. 2014.

M. Wheeler. *What is Fair: Ethics for negotiators*. Jossey Bass. 2004

N. Berggruen. *Smart Governance for the XX1 Century*. Polity. 2012

Nassim Nicholas Taleb. *Black Swan, The Impact of Highly Imporabable*. Random House. 2010.

R. Bellino. *You have 3 Minutes*. McGrawHill. 2006

R. Cialdini. *The Power of Persuasion*. Harper Collins. 2013.

R. Mnookin. *Negotiating with the Devil*. When to fight and when to negotiate. Simon & Schuster. 2011

R. Reich. *Supercapitalism*. Knopf Double Play. 2007

S. Covey. *Smart Trust*. Simon & Schuster. 2013

S. Covey. *Speed of Trust*. Simon & Schuster. 2006

S. Sinek. *Start with Why*. Penguin Book. 2009

T. Shilling. *Strategy of Conflict*. Harvard University Press. 1960

W. Ury. *Getting to Past No*. Random House Publishing Group. 2009

Y. Duzert, A.T Spinola. A. Brandão. *Negociações Empresarias*. Editora Saravia. 2007

Y. Duzert, A.T Spinola. F. Lustosa. *Aprendiz Legal*. Editora FRM. 2011.

Dados Técnicos:

• Formato:	16 x 23 cm
• Mancha:	12 x 19 cm
• Fonte:	Georgia
• Corpo:	11
• Entrelinha:	13
• Total de Páginas:	200
• 1ª Edição:	2018